HENRI DE RÉGNIER

Les Jeux
rustiques et divins

Troisième Édition

PARIS
SOCIÉTÉ DV MERCVRE DE FRANCE
XV, RVE DE L'ÉCHAVDÉ-SAINT-GERMAIN, XV

M DCCC XCVII

DU MÊME AUTEUR :

Les Lendemains *(épuisé)*. . . . . 1 plq.
Apaisement *(épuisé)*. . . . . 1 vol.
Sites *(épuisé)*. . . . . 1 vol.
Épisodes *(épuisé)*. . . . . 1 vol.
Épisodes, Sites et Sonnets. . . . . 1 vol.
Poèmes anciens et romanesques *(épuisé)*. . . . . . 1 vol.
Tel qu'en songe *(épuisé)*. . . . . 1 vol.
Contes a soi-même. . . . . 1 vol.
Le Bosquet de Psyché. . . . . 1 plq.
Le Trèfle noir. . . . . 1 vol.
Aréthuse. . . . . 1 vol.
Poèmes, 1887-1892. . . . . 1 vol.

LES JEUX RUSTIQUES ET DIVINS

IL A ÉTÉ TIRÉ DE CET OUVRAGE :

*Trois exemplaires
sur japon impérial, numérotés de 1 à 3, et
douze exemplaires sur hollande, numérotés
de 4 à 15.*

JUSTIFICATION DU TIRAGE :

Droits de traduction et de reproduction réservés pour tous pays,
y compris la Suède et la Norvège.

HENRI DE RÉGNIER

LES JEUX
RUSTIQUES ET DIVINS

ARÉTHUSE
LES ROSEAUX DE LA FLÛTE
INSCRIPTIONS POUR LES TREIZE PORTES DE LA VILLE
LA CORBEILLE DES HEURES
POÈMES DIVERS

Troisième édition

PARIS
SOCIÉTÉ DV MERCVRE DE FRANCE
XV, RVE DE L'ÉCHAVDÉ-SAINT-GERMAIN, XV

M DCCC XCVII

Tous droits réservés

ARÉTHUSE

C'est une fontaine dans l'île d'Ortygie où, quand les flûtes des pasteurs s'étaient tues, venaient boire les Sirènes de la Mer.

FLUTES D'AVRIL & DE SEPTEMBRE

A JOSÉ-MARIA DE HEREDIA.

J'ai conduit le cheval à travers les marais,
Dit-il ; l'automne avec les feuilles des forêts
Avait jonché la route et comblé les fontaines ;
Les durs sabots craquaient sur la coque des faînes,
Et je tenais la bride en marchant près de lui,
Et je ne voyais plus les arbres dans la nuit,
Et la route était longue à travers le bois noir.
Je tremblais d'être entré par les portes du soir
Et j'errais, anxieux du gîte et de l'issue,
Mais, peu à peu, j'ai vu blanchir mes deux mains nues
Et le cheval ailé, peu à peu, devint clair
Comme si se faisait l'aurore dans sa chair ;
La source jaillissait sous son sabot divin ;
Son envergure éblouissait tout le matin,
Prodigieuse avec la forme d'une lyre.
Une clarté sortait de lui comme un sourire
Et, toute la forêt sachant que c'était lui,
Les antres refermaient leurs gueules sur la Nuit.

DÉJANIRE

J'ai bu le vin sanglant aux outres de l'automne
Et j'ai cru le ciel clair encore et l'heure bonne,
Toute de solitude et toute de forêt,
Et ma joie en dansant s'esquive et disparaît,
Entraînant par la main mon Avril, et mon Ombre
Les a suivis vers les arbres du passé sombre
D'où je les entends rire ainsi que j'avais ri,
Jadis, quand près de toi mon amour a fleuri
Aux roses que cueillait le geste de ta grâce
Souriante et maligne à feindre d'être lasse
Pour que le bois durât à nos pas jusqu'au soir.
Printemps perdus! l'automne a mêlé ses boucs noirs
Aux plus blanches brebis de nos douces pensées ;
Les Satyres ont ri de nos mains enlacées,
Et les feuilles tombaient quand mûrirent les fruits,
Et le vent emporta nos paroles, et puis

Nous allâmes, sans plus nous parler, côte à côte,
Devenus tout à coup étrangers l'un à l'autre,
Et quand le bois finit enfin, ce fut la Mer !
Et j'écoutais, du fond de l'horizon désert,
Debout et les pieds nus lavés d'écumes vaines,
Le chant intérieur des antiques Sirènes ;
Tandis que toi, silencieuse, ô Déjanire,
Regardais, par-dessus l'épaule, sans rien dire,
Galopant sur la grève et s'ébrouant aux flots
Qui mouillaient leurs poitrails et fouaillaient leurs galops,
Sur le sable marin et les galets sonores,
Ruer la Centauresse et hennir les Centaures.

L'ALLUSION A NARCISSE

Un enfant vint mourir, les lèvres sur tes eaux,
Fontaine! de s'y voir au visage trop beau
Du transparent portrait auquel il fut crédule...
Les flûtes des bergers chantaient au crépuscule;
Une fille cueillait des roses et pleura;
Un homme qui marchait au loin se sentit las.
L'ombre vint. Les oiseaux volaient sur la prairie;
Dans les vergers, les fruits d'une branche mûrie
Tombèrent, un à un, dans l'herbe déjà noire,
Et, dans la source claire où j'avais voulu boire,
Je m'entrevis comme quelqu'un qui s'apparaît.
Etait-ce qu'à cette heure, en toi-même, mourait
D'avoir voulu poser ses lèvres sur les siennes
L'adolescent aimé des miroirs, ô Fontaine?

APOSTROPHE FUNÉRAIRE

Pieuse à ce tombeau, ma Sœur, où tu t'accoudes,
Quels automnes ont fait ta chevelure lourde
D'ors graves, et quels soirs reflétés des fontaines
Laissèrent dans tes yeux leurs étoiles lointaines?
Tes gestes ont encor d'avoir porté des fleurs
Une grâce à jamais qu'accoudent tes douleurs
Au cippe funéraire où s'arrêta ta route;
Et c'est ta vie, ô passante, que tu écoutes,
Avec ses flûtes d'or et ses flûtes d'ébène,
Rire par les vergers et pleurer aux fontaines,
Et qui au marbre, hélas! se veine rose et noire.
A toute joie en pleurs au fond de ta mémoire
Est-il une tristesse aussi qui ne sourie?
Le fruit qui ressemblait à ta bouche mûrie
Fut-il amer ou doux d'avoir été goûté?
Ce qui fut valait-il enfin d'avoir été?

O toi qui sais le soir et qui bus aux fontaines
Parle-moi, Ombre grave, et dis-moi, Psychéenne,
Sous quel destin, silencieuse, tu te courbes,
Plus pâle à ce tombeau, pieuse, où tu t'accoudes.

LE CIPPE

Je voue à mon Destin ce Cippe ! Ni les îles
Langoureuses parmi les mers, ni les faucilles
D'argent clair qu'on délaisse, un jour, pour l'ancre d'or,
La houle des moissons, ni le calme du port
N'ont bercé ma tristesse et n'ont comblé mes mains ;
Je consacre ce Cippe à mon triste Destin.
Je n'y sculpterai pas de grappes ni les cornes,
Que le bouc, front à front, heurte à celles du faune,
Ni les thyrses ou bien des conques de la mer,
Car la forêt fut vide et le pré fut désert,
Et l'écume des flots n'a lavé sur ma proue
Aucun dieu souriant aux syrtes qu'il déjoue ;
Nul visage ne m'a souri dans les fontaines,
Et la face du vent qui parle entre les chênes
S'est enfuie à jamais, et jamais je n'ai vu
Le Destin innocent ainsi qu'un enfant nu
Venir à moi, avec les mains ivres de roses
Que mordent les boucs noirs ou que flairent les faunes.

LE TAUREAU

Tu mènes lentement, ô grave laboureuse,
Tes lourds bœufs obstinés au sillon qui se creuse
Dans la terre crétoise, ouverte au soc luisant;
Les mufles ont bavé sous le frontail d'argent
Et leur écume éparse évoque une autre écume...
Le champ déferle au loin ses vagues, une à une,
Et des oiseaux, là-bas, volent sur le sillon;
Et toi, tu songes, appuyée à l'aiguillon,
Grave, lorsque le vent du soir sèche ta joue,
Près du soc à tes pieds qui luit comme une proue,
Tu songes, et tes bœufs meuglent vers le ciel clair,
A quelque taureau blanc qui traversa la Mer!

LE RETOUR

Plus bas que la colère et plus haut que l'amour
Quelqu'un dans le bois sombre a parlé tout le jour :
C'est le Passé qui parle, en songe, à sa Tristesse;
Ils sont debout, tous deux, face à face; elle baisse
Sa tête lasse; une fleur noire est dans sa main,
Fleur fermée et cueillie à celles du chemin,
Car le passé mena l'Étrangère parmi
Des sables où les pas s'effacent à demi
Avec l'écho que laisse en les âmes lassées
Le souvenir, là-bas, marchant sur nos pensées;
Et quand ce fut l'automne enfin, avant le soir,
Ils s'en revinrent à jamais, et le bois noir
A frissonné d'entendre ainsi sous ses grands arbres,
Destin debout devant sa stature de marbre,
Quelqu'un qui discourait et grondait tour à tour
Plus bas que la colère et plus haut que l'amour.

LA FONTAINE AUX CYPRÈS

La Fontaine pleura longtemps dans la forêt.
O mon âme, savais-je que tu pleurerais ?
Me voici revenu pourtant et c'est le soir ;
Nulle rose ne s'enguirlande aux cônes noirs
Des cyprès qui dans l'eau mirent leurs larmes d'ombre.
La Nymphe qui chassait à travers le bois sombre
Le Cerf aux cornes d'or guetté par le Satyre
Est revenue aussi à cette onde et s'étire,
Plus lasse, et le beau cerf blessé est revenu
Boire à la vasque où je me suis un inconnu
A moi-même et j'entends mes larmes en tes larmes,
O Fontaine, et le bois funeste où nous errâmes
Fut la Vie où courait mon Désir poursuivant,
Dans la ronce rougie à notre triple sang,
La Nymphe qui chassait le Cerf aux belles cornes ;
Et tes pleurs souriaient, Fontaine, à ces jeux mornes

Entre les cyprès noirs où n'étaient pas écloses
De guirlandes, hélas! qui dédieraient leurs roses
A tes eaux où le sang, hélas! s'est mélangé
De la Nymphe et du Cerf et du triste Étranger!

LES VISITEUSES

J'honore ici, venue au travers de mes songes,
Par les routes de ma mémoire, avec mon Ombre,
Celle-là qui sourit et qui porte en ses mains
L'Urne funèbre où sont mes jours et mes destins,
Cendre qui fut l'amour, cendre qui fut la gloire !
Victorieuse de la tragique victoire,
Cette Passante vient du fond de mon passé,
Souriante à demi de l'avoir traversé
Depuis ses cailloux durs jusqu'à ses fanges tièdes
Et ses fleuves et ses campagnes et ses herbes
Et ses vastes forêts vertes comme la mer !
Cette Passante vient des vergers de ma chair
Où jute le fruit doux auprès du fruit qui saigne,
Souriante elle a bu, penchée, à la fontaine
De mes heures et pour y boire elle a souri,
Car ni le Faune ardent, ni l'herbe qui fleurit
Vénéneuse et sournoise avec ses fleurs naïves,
La morsure, ni le baiser, ni les eaux vives

Qui chantent tendrement avec des rires, ni
L'embûche des bois où le Centaure hennit,
Et l'antre d'où l'écho appelle les passantes,
Rien n'a troublé ses pas prudents et ses mains lentes,
Compagne qui menait quelqu'un par les chemins,
Côte à côte, et voici qui portent à leurs mains,
Toutes deux, au retour, ce soir, Elle et mon Ombre,
L'une l'Urne funèbre et l'autre la Colombe !

L'ACCUEIL

Si tu veux que, ce soir, à l'âtre je t'accueille
Jette d'abord la fleur, qui de ta main s'effeuille ;
Son cher parfum ferait ma tristesse trop sombre ;
Et ne regarde pas derrière toi vers l'ombre
Car je te veux, ayant oublié la forêt
Et le vent et l'écho et ce qui parlerait
Voix à ta solitude ou pleurs à ton silence !
Et debout, avec ton ombre qui te devance,
Et hautaine sur mon seuil, et pâle, et venue
Comme si j'étais mort ou que tu fusses nue !

LE FAUNE AU MIROIR

Tristesse, j'ai bâti ta maison, et les arbres
Mélangent leur jaspure aux taches de tes marbres,
Tristesse, j'ai bâti ton palais vert et noir
Où l'if du deuil s'allie aux myrtes de l'espoir;
Tes fenêtres, dans le cristal de leurs carreaux,
Reflètent des jardins de balustres et d'eaux
Où s'encadre le ciel à leur exactitude;
L'écho morne y converse avec la solitude
Qui se cherche elle-même autour de ses cyprès;
Plus loin c'est le silence et toute la forêt,
La vie âpre, le vent qui rôde, l'herbe grasse
Où se marque, selon la stature qui passe,
Un sabot bestial au lieu d'un pied divin;
Plus loin, c'est le Satyre et plus loin le Sylvain
Et la Nymphe qui, nue, habite les fontaines
Solitaires où près des eaux thessaliennes
Le Centaure en ruant ébrèche les cailloux,

Et puis des sables gris après des sables roux,
Les monstres du Désir, les monstres de la Chair,
Et, plus loin que la grève aride, c'est la Mer.
Tristesse, j'ai bâti ta maison, et les arbres
Ont jaspé le cristal des bassins comme un marbre ;
Le cygne blanc y voit dans l'eau son ombre noire
Comme la pâle Joie au lac de ma mémoire
Voit ses ailes d'argent ternes d'un crépuscule
Où son visage nu qui d'elle se recule
Lui fait signe, à travers l'à jamais, qu'elle est morte ;
Et moi qui suis entré sans refermer la porte
J'ai peur de quelque main dans l'ombre sur la clé ;
Et je marche de chambre en chambre, et j'ai voilé
Mes songes pour ne plus m'y voir ; mais de là-bas
Je sens encor rôder des ombres sur mes pas,
Et le cristal qui tinte et la moire que froisse
Ma main lasse à jamais préviennent mon angoisse,
Car j'entends dans le lustre hypocrite qui dort
Le bruit d'une eau d'argent qui rit dans des fleurs d'or
Et la stillation des antiques fontaines
Où Narcisse buvait les lèvres sur les siennes
Par qui riait la source au buveur anxieux ;
Et je maudis ma bouche, et je maudis mes yeux
D'avoir vu la peau tiède et touché l'onde froide,
Et, quand mes doigts encor froncent l'étoffe roide,
J'entends, de mon passé bavard qui ne se tait,

Les feuilles et le vent de la vieille forêt;
Et je marche parmi les chambres solitaires
Où quelqu'un parle avec la feinte de se taire,
Car ma vie a des yeux de sœur qui n'est pas morte;
Et j'ai peur, lorsque j'entre, et du seuil de la porte,
De voir, monstre rieur et fantôme venu
De l'ombre, avec l'odeur des bois dans son poil nu,
Quelque Faune qui ait à ses sabots sonores
De la boue et de l'herbe et des feuilles encore,
Et, dans la chambre taciturne, de le voir
Danser sur le parquet et se rire aux miroirs!

PÉRORAISON

O lac pur, j'ai jeté mes flûtes dans tes eaux,
Que quelque autre, à son tour, les retrouve, roseaux,
Sur le bord pastoral où leurs tiges sont nées
Et vertes dans l'Avril d'une plus belle Année !
Que toute la forêt referme son automne
Mystérieux sur le lac pâle où j'abandonne
Mes flûtes de jadis mortes au fond des eaux.
Le vent passe avec des feuilles et des oiseaux
Au-dessus du bois jaune et s'en va vers la Mer ;
Et je veux que ton âcre écume, ô flot amer,
Argente mes cheveux et fleurisse ma joue ;
Et je veux, debout dans l'aurore, sur la proue,
Saisir le vent qui vibre aux cordes de la lyre
Et voir, auprès des Sirènes qui les attirent
A l'écueil où sans lui nous naufragerions,
Le Dauphin serviable aux calmes Arions.

DANS UNE VIGNE VENDANGÉE

Je chanterai, ce soir, Automne, tes pensées !
La vendange repose aux corbeilles tressées ;
La grappe qui rougit la lèvre est à la main
Lourde comme la Vie et comme le Destin,
Et la pluie a gonflé de larmes les fontaines ;
Les flûtes avant de se taire sont lointaines
Déjà et tristes et déjà le souvenir...
Et c'est avoir vieilli déjà que de sentir,
Derrière le coteau et par delà les plaines
Et le fleuve, qu'il est à jamais des fontaines
Où nos faces verraient chacune son passé,
Et de calmes chemins où nous avons passé,
Et des ombres qui sont notre Ombre, et des années
Qui, la main dans la main, sur nos heures glanées,
Marchent, tournant la tête et ne vous voyant plus ;
Et cependant ce soir est beau, et des Dieux nus

S'en viennent en dansant peut-être en nos pensées,
Car la vendange est belle aux corbeilles tressées
Et tu pleures pourtant l'Eté qui t'abandonne,
O triste, ô Ariane éternelle, ô Automne !

ÉPIGRAMME

Hérons sur le marais et cygnes sur le fleuve,
Que le printemps fleurisse ou que l'automne pleuve,
Mes flèches ont percé les Heures, une à une,
Et le Temps a laissé tomber toutes ses plumes
Dans l'eau de ma tristesse ou l'onde de ma joie ;
Et si l'aile se ferme, et si l'aile s'éploie,
C'est l'heure qui s'achève enfin ou s'inaugure,
Et, tour à tour, contre le port ou l'envergure,
Les mêmes flèches d'or partent de l'arc qui vibre,
Et, triste archer, en pleurs de son exploit stupide,
Je ramasse, sur l'eau où mon espoir se penche,
Avec la plume noire, hélas ! la plume blanche !

CAUTUS INCAUTAE

Prends garde, douce amie, à la Thessalienne
Qui s'accoude le soir, auprès de la fontaine
A jouer de la flûte en se penchant sur l'eau,
Car avant de t'aimer, douce qui d'un fuseau
Nonchalant fila d'or les heures de ma joie,
Mes automnes, là-bas, ont suivi d'autres voies
Et j'ai marché, le soir, par d'antiques forêts
Sans savoir, passante, que tu apparaîtrais,
Radieuse à ma vie et douce à mon amour ;
Moi qui croyais les roses mortes pour toujours.
J'écoutais une voix qui n'était pas la tienne.
Prends garde, mon amie, à la magicienne,
Elle connaît des rites vils et je l'ai vue,
Avec son aigre flûte aux dents, qui dansait nue,
Et je la trouve encore au bois où elle rôde,
Et dans la bergerie et dans l'étable chaude

Elle trait un lait rance et couronne d'orties
Le bouc noir qui la flaire après qu'elle est sortie,
Comme mon vieil amour jadis, lascivement,
La humait dans l'odeur de la terre et du vent!

LE RÉVEIL

Tout le printemps qui chante avec tous les oiseaux,
Le vent frais, le soleil encor tiède, les eaux
Qui murmurent le long du sentier où l'on passe,
Et le pas de l'hiver, Printemps, que tu effaces
En posant ton pied nu où pesa son pied lourd,
La Tristesse qui se retourne vers l'Amour
Et l'Amour embrassant, lèvre à lèvre, la Vie
Qui rit mélancolique et qui pleure ravie;
L'écho qui devient voix, l'antre qui devient bouche,
Tout ce qui renaît doux de ce qui fut farouche :
Le printemps, de l'hiver, la source, du rocher;
L'Espoir gai avec toutes ses flèches d'archer
Qui nous montre, en l'azur que son vol lui assigne,
L'heure pure à jamais de sa candeur de cygne
Qui chasse l'heure noire aux ailes de corbeau,
Tout cela : le soleil, les herbes, l'aube, l'eau,

Le vent frais, la forêt chanteuse, l'arc qui vibre,
C'est quelqu'un qui s'éveille et quelqu'un qui veut vivre,
Adolescent debout anxieux d'être nu,
Et qui sent le baiser à ses lèvres venu
De toute la nature impatiente et douce
Avec l'allusion des roses à sa bouche !

DISCOURS A DAPHNIS

Le vent, au crépuscule, a soufflé dans les chênes,
Daphnis! la route est sombre au troupeau que tu mènes;
La brebis bêle, un bélier guette et l'agneau butte;
Le vent aigre est entré par les fentes des flûtes,
Tes lèvres qui baisaient jadis le bois y mordent;
La feuille morte, on voit mieux les ceps qui se tordent;
Le sarment est le bras noueux de la vendange,
Et le chemin bifurque à la saison qui change,
Et voici que dans l'ombre hésite ta pensée,
Comme si tu voulais ouïr ta voix passée
Dans l'écho qui l'appelle et où tu la retrouves
Anxieuse et y disputant aux maigres louves
Du regret les brebis de tes heures laissées,
Au lieu de suivre sur le chemin tes pensées
Qui, à la suite, et dans le vent et par le soir,
S'en vont vers le printemps, là-bas, et vers l'espoir
Et vers l'aurore en fleurs et les avrils nouveaux,
Avec le bélier grave et les calmes agneaux.

INSCRIPTION SUR UNE PORTE FERMÉE

L'arc de pierre sculpté d'armes et de victoires
Par où passe en manteau de pourpre ma Mémoire,
La grappe qui ruisselle entre les mains fermées,
Mon orgueil qui se laure aux veines d'un camée
Ou sur le bronze avec l'exergue des médailles ;
Le matin doux après le soir de la bataille ;
Le promontoire haut d'où l'horizon est clair,
Le port, la proue avec l'écume de la mer ;
Le char qui roule, les chevaux cabrés au vent
Sur les jarrets et les deux sabots en avant ;
Les cygnes parmi les cyprès, les femmes nues,
Les châteaux d'or rêvant au fond des avenues,
La douceur du ciel bleu reflété dans les eaux ;
Le grand bûcher d'érable où l'on brûle les os,
Et les torches et les thyrses parmi les glaives ;
Le pas sur la prairie ou le pas sur la grève,
La main au gantelet, le pied à l'étrier,
La torsion autour des tempes du laurier

Et à l'aube le cri des trompettes de bronze
Ne valent pas jadis ton sourire dans l'ombre !

EXORDE

Que le vent de la Mer, ô Voyageuse, torde
Ta chevelure, moi, sur la grève j'accorde
La voix de ma mémoire à ce qui songe en elle ;
C'est l'absence aujourd'hui qui t'a faite éternelle,
Douce Ombre que je vois assise sur le sable,
Pour toujours, souriante à l'heure impérissable ;
Et je te chanterai en face de la Mer,
En mon âme, d'un chant à jamais grave et clair,
En souvenir des pierres vives du collier,
Et, note à note, tu les verras scintiller :
Le rubis qui s'embrase à la topaze chaude
Ou, aigre dans sa fièvre verte, l'émeraude,
Le diamant et, grasse, l'opale qui tremble,
Car, pasteur curieux des sons qui leur ressemblent,
Mystérieusement, dans l'ombre, je dédie
Les sept trous de ma flûte à tes sept pierreries !

LES PRÉSENTS MALADROITS

Les fleurs de la fontaine et la force des flûtes,
Où ma bouche, le soir, aux trous du buis s'ajuste,
Ni les gâteaux de miel dans les corbeilles rondes,
Ni les poires, ni la grappe, ni les colombes,
Ni la guirlande aussi que pour elle je tresse,
N'ont fait venir à moi la petite Faunesse
Qui danse, sous la lune, au bord de la forêt.
Sa chevelure est rousse ; elle, nue ; on dirait
Qu'elle a peur des gâteaux qui sont dans les corbeilles
A cause du miel doux que vengent les abeilles,
Et que, pour elle, la colombe est la mémoire
De quelque heure jadis blanche sur l'ombre noire
Et qui roucoulerait au fond de sa pensée,
Et, qu'en ma flûte rauque, hélas ! qui s'est lassée
De chanter mon désir mystérieux vers elle,
Elle évoque, là-bas, saignante et paternelle,
Au soleil qui la tanne et au vent qui l'étire,
La dépouille du Faune et la peau du Satyre.

LA SAGESSE DE L'AMOUR

Avant d'être de ceux qui marchent vers la Nuit,
O toi qui fus l'enfant que sa jeunesse a fui
Et qui, grave, t'assieds déjà, debout hier,
Écoute encor, avant les fifres de l'Hiver,
Les flûtes de l'Eté qui chantent dans l'Automne ;
L'heure tendre là-bas embrasse l'heure bonne,
Et, quand le chant se tait, au loin, tu peux entendre
Ce que le bel Août dit au calme Septembre
Et ce que dit ta joie à ta mélancolie.
Le fruit qui va mûrir avec sa branche plie ;
C'est de la brise, hélas ! que sort le vent farouche,
Mais la brise et le vent s'endorment bouche à bouche
Aujourd'hui et le bois est vert et le soir tombe,
Et les flûtes dans l'ombre appellent les colombes,
Et l'Eté chante encor aux lèvres de l'Automne ;
Le jour sera meilleur si l'aurore fut bonne ;
Le soir est plus charmant lorsque l'âme est plus douce ;
Le sourire fait une rose de la bouche ;

La tresse dénouée est une chevelure ;
D'avoir été fontaine une eau reste plus pure.
Aime et que sur tes pas les étoiles aient lui
Quand tu seras de ceux qui marchent vers la Nuit.

L'HOMME ET LA SIRÈNE

A FRANCIS VIELÉ-GRIFFIN.

L'HOMME ET LA SIRÈNE

Aux dernières étoiles d'une aube sur la Mer, debout à la proue d'un navire qu'on ne voit pas, le veilleur parle ; Sa voix s'éloigne à mesure que le ciel s'éclaire.

LE VEILLEUR DE PROUE

Je suis celui qui veille sur la proue...
L'un connaît les ancres et les voiles,
Un autre les étoiles,
Certains sont plus sages qui jouent
La route aux dés et s'endorment — on gagne, on perd !
Sans souci d'à quel vent s'oriente la proue ;
Mais moi, je sais la Mer !

Elle est douce, aujourd'hui sous les étoiles
Qui déclinent, et les agrès geignent tout bas,
Le long des voiles ;
Le vent est tombé et le navire est las,
Et tous dorment et tout est calme,

Et celui qui connaît le vent et la marée
A prédit la nuit belle à la nef ancrée,
Et c'est en chantant qu'on a levé les rames ;
Car l'homme qui connaît la face des nuages
A fait signe en riant à qui barre à la proue.
Fou donc qui veille, et qui dort sage !
Et moi seul je veille et j'écoute,
Debout à la proue, et moi seul,
A travers mes songes, j'y vois clair,
Et moi seul
Je sais la mer,
Toute la mer,
Et qu'il y a des Sirènes sur la Mer !

Il y a des Sirènes qui chantent et peignent
Leurs cheveux d'algues et qui sont nues ;
Les trois plus belles sont venues
Nager autour de la carène,
On les a vues ;
C'était sur des mers lointaines.....
Elles ne sont pas revenues
Mais parfois je crois les entendre
Qui rient et chantent
Et qui reviennent,
Quand le flot est calme et le ciel clair,
Car moi je sais toute la Mer !

Elles ont des cheveux d'algues et des lèvres
Peintes selon la pourpre des coraux ;
Une parfois rit et élève
Ses seins de femme au-dessus de l'eau,
Et tend les bras...
On dit qu'elles n'existent pas
Ou que leurs torses vils se terminent en queues
D'écailles que le flot fait bleues,
Tandis que leur chevelure semble de l'or,
Au soleil ; on prétend encor
Qu'elle sont méchantes, et que
Leur mystérieux rire endort
En les grottes roses et noires
Avec elles, joue contre joue,
A jamais...
Qu'il est mieux de ne pas y croire
Et de les fuir les yeux fermés,
Et qu'il faut clouer à la proue
Leurs figures d'émail et d'or,
En simulacres à la proue !

Mais moi, je sais des choses en mon âme
Car avant d'échanger le fléau pour les rames
J'ai manié la serpe et conduit la charrue,
Mangé la grappe et bu le vin

Qui fait l'esprit lucide et le songe devin ;
J'ai dormi sur la terre auprès des faulx nues,
Et j'ai levé la hache contre les arbres
Où vivaient les Dryades,
Et leur sang a saigné en gouttes sur mes mains ;
J'ai vu les Faunes, voleurs d'abeilles, et rire
Dans les eaux la Nymphe aux Satyres
Qui dansaient, sveltes, une rose entre les cornes,
Et fuir les Griffons devant la Licorne,
Et sur le sable, avec leur croupe rousse et noire,
Les Centaures passer au galop, un à un !
O mémoire
De mes songes je sais par toi ce qu'il faut croire,
Et toutes les mystérieuses faces
Qui nous regardent à travers les choses
Et qui nous parlent à voix basse
Et qui nous parlent à voix haute,
De l'aube au soir,
Du soir à l'aube.

Le ciel plus clair
Se meurt, une à une, d'étoiles,
Le vent a soufflé dans les voiles,
Le vent a passé sur la Mer,

Il y a des Sirènes sur la Mer.

L'aube bleuâtre devient de plus en plus claire. Peu à peu on distingue une grève où une femme est couchée, nue ; sa tête repose sur les genoux d'un jeune homme couvert de vêtements amples et sombres. De hauts rochers ferment la vue, derrière la petite plage.

LUI

Cet homme chante des paroles étranges,
Dans l'aube lente,
Et j'aurais voulu voir son ombre sur la mer
Et son visage pendant qu'il rêvait à voix haute
Debout à la proue, et lui parler peut-être,
Car le navire était ancré près de la côte ;
Mais les rochers me le cachaient, et cette tête
Qui dort sur mes genoux, lourde et charmante,
M'a fait rester assis dans l'aube blanche,
Et le navire a levé l'ancre
Et la Mer baisse...

O dormeuse, ta tête est lourde et tu dors
Des yeux et de toute la langueur de ton corps
Délicieux et pur sur le sable marin,
Parmi les algues et les coquilles,
Tu dors tranquille
Et lasse et souriante et nue,
Ame inconnue !

Le sable rafraîchit la paume de tes mains
O dormeuse, et quand tu te lèveras,
Debout en étirant tes bras
Et secouant tes lourds cheveux jusqu'à tes reins,
Le doux sable
Gardera le sceau de ton sommeil mémorable,
Et je ne saurai rien de ton âme inconnue.

Elle est là qui dort et moi je songe
Et j'ai songé dans l'ombre,
Longtemps avant que cette voix chantât dans l'ombre,
Et j'ai songé
A celle qui s'en vint vers celui qui venait,
Étrangère qui souriait à l'Étranger,
Et qui dort maintenant près de celui qui veille ;
Je ne connais
Rien d'elle sinon qu'elle était là et qu'elle est belle,
Sinon qu'elle dort à mes pieds
Et nue et lasse et calme et souriante,
Car comme en rêve elle a souri surnaturelle
Et j'ai cru qu'elle allait s'éveiller
Quand la voix lente
De cet homme a chanté la Mer et les Sirènes,
Et puis elle s'est rendormie, et sa face
A souri des lèvres à la mienne,
Et sa tête a pesé lourde sur mes genoux,

Plus lourde de ses cheveux roux,
Plus lourde de sa nuque lasse,
Plus lourde de sa pensée lointaine.

Elle pense en dormant des choses que j'ignore
Je ne sais rien de ses pensées...
— La nuit est morte pourtant et voici l'aurore —
A travers son visage une face effacée
Semble me sourire derrière son sourire;
D'autres lèvres derrière les siennes m'attirent
Et, quand je la regarde en face, je crois voir
Quelqu'un debout en elle et qui est ma Pensée
Au manteau noir !

Sa chair est douce ainsi sur le sable, sa chair
Est belle ainsi sous le ciel pâle et clair
De cette aube où mon âme triste se tourmente
De l'âme qui se cache, hélas ! en cette chair
Douce dans son sommeil et pâlement vivante
Et dont je touche
Les yeux clos et les seins et le ventre et la bouche
Et les grands cheveux d'or qui se déroulent,
Sinueux comme une algue et lents comme une houle
Mystérieuse dont écume ce front pur
Que somme leur volute, et dont le poids ruisselle
Somptueusement jusque sur
Le sable roux où dort énigmatique et belle,

Cette Dormeuse enfin que je ne connais pas.
Car je ne sais ni sa pensée, ni ses pas,
Ni quels Destins l'ont ici amenée
Au soir où je la vis debout près de la mer
Et pure comme si elle était née,
Svelte de quelque conque ou blanche d'une écume,
Du sable de la grève ou du sel de la mer !
Est-elle une
De ces captives que les hautes nefs de bois et d'or
Ravissent à la rive et mènent vers le port
Et qu'on vend au retour sur le môle
Avec le corail et les oiseaux ?
Son enfance erra-t-elle auprès des calmes eaux
D'un fleuve qu'elle aura suivi de saule en saule ?
A-t-elle porté l'amphore sur l'épaule
Ou l'urne funéraire en ses pieuses mains
Et sur les asphodèles du chemin
Ses pieds ont-ils marché vers un temple de marbre ?
En tes songes as-tu des villes et des arbres
Ou si la vaste mer est ta seule mémoire ?
J'ai soif de te connaître, ô sœur, et je veux boire
A ton passé comme à la source entre les saules ;
Lève-toi appuyée, ô sœur, sur mon épaule,
Marchons l'un près de l'autre et mirons nos visages
Face à face au miroir de nos doubles pensées
Avec l'emblème de nos deux mains enlacées ;

Éveille-toi et lève-toi !
Je ne peux plus vivre quand tu dors.
O toi qui dors toujours de m'être une inconnue !
Lève-toi nue
Avec tes grands cheveux croulant en algues d'or;
Éveille-toi, ô toi qui dors,
Si tu restes si loin pourquoi es-tu venue
Un soir que je marchais sur cette grève ?
Et c'est en toi qu'il faut que le soleil se lève,
O toi que je ne connais pas,
Et tu seras !

Elle s'éveille.

La mer reflue et cet homme a cessé
Cette chanson à qui tu souriais en songe.
Il parlait d'arbres dont l'ombre grave s'allonge,
De grappes et d'abeilles...
Il a cessé
Cette chanson à l'aube et l'aurore est vermeille !
Lève-toi nue
O souriante, Ame inconnue !
Et que ta chair
Reste endormie, et viens là-bas,
Lève-toi de toi-même, enfin !|le ciel est clair,
Et viens là-bas
Loin de la grève aride et de la vaste mer.

Le soleil paraît.

*

On est dans la clairière d'une forêt. Une source d'eau profonde miroite parmi des fleurs. Alentour, de hauts arbres. L'heure est venteuse et chaude; il a plu; des gouttes d'eau tombent encore des feuilles.

Assises sur la mousse, des Tisseuses tiennent sur leurs genoux des étoffes déployées. Elles sont trois qui parlent tour à tour, la plus vieille debout, d'autres travaillent en silence dont deux encore répondent.

L'UNE

Le Destin a tissé nos jours et nos années,
Mes sœurs, et nous voici assises avec elles,
Côte à côte, et chaque an ourdit nos destinées.

L'AUTRE

Le vent parmi les arbres hauts semble leurs ailes,
Car le temps s'est enfui devant nous, et les heures
Ont volé, tour à tour, hiboux et tourterelles !

O ma Vie, il me semble encore que tu pleures ;
Chaque goutte de pluie est une de mes larmes,
O ma Vie, il me semble encore que tu meurs !

Car j'entends ton sanglot dans le vent où s'alarme
Le passé qui dormait là-bas avec mon Ombre,
D'avoir bu à l'oubli le philtre qui les charme

Et les enlace au fond de ma mémoire sombre,
Groupe funeste, hélas ! qui s'éveille et s'étire
Et qui heurte son front aux fentes du décombre ;

Et les voici tous deux qui viennent et qu'attire
Avec elle ma Vie et qui viennent ensemble
S'accouder près de moi, l'un et l'autre, et sourire

Au métier où je tisse en fleurs qui leur ressemblent
Quelque destin, hélas! d'erreur et de mensonge
Dont les fils font trembler ma main qui les assemble.

UNE AUTRE

Laborieuse, dans les trames alourdies,
J'entrelace et je noue avec des lacets d'or
Le lin souple et tordu des longues perfidies.

UNE AUTRE ENCORE

Astucieuse, dans l'étoffe nue encor,
J'enchevêtre en dessins patients et j'effile
La variante soie où le mensonge dort.

CELLE QUI A PARLÉ AVANT

La moire est trouble et grasse comme une eau tranquille
Et qui frissonnerait intérieurement
D'une araignée et de sa toile qu'elle y file.

CELLE QUI A PARLÉ ENSUITE

La soie est douce comme la peau, elle ment;
Il s'y façonne des visages de chimère;
La soie est vaine comme l'âme, l'âme ment.

ENSEMBLE

C'est nous qui vêtirons la femme mensongère.

LA PLUS VIEILLE QUI TOURNE UN FUSEAU

Vous qui tissez ainsi la Vie en œuvres lentes
Voyez, qui s'ensanglante autour de mon fuseau,
La pourpre, fil à fil, des laines violentes ;

Ce sera la tunique ardente ou le manteau,
Et la Mort à jamais en vêtira un soir
La trame furieuse ou l'atroce lambeau,

Et mon rouet d'ébène aide mon fuseau noir !

L'UNE

Les arbres ont laissé tomber sur mes mains lasses
Des feuilles, une à une, et des gouttes de pluie
Et les fils ont tramé le feston des rosaces.

L'AUTRE

Le vent embrouille et mêle en mes mains fatiguées
La soie où la nuance se teinte et varie
Selon qu'au ciel se fonce ou fuit une nuée !

ENSEMBLE

La face du vent pleure aux larmes de la pluie.

LA PLUS VIEILLE

Rentrons, la tâche est faite et le fuseau se tait !
Les Tisserandes vont avec la Filandière
Et la pluie et le vent rôdent par la forêt.

Emportez le métier et l'aiguille ouvrière,
Il pleut sur nos cheveux, mes sœurs, il pleut là-bas
Et dans le vent au loin battent les cœurs du lierre !

Les arbres, tour à tour, retiennent de leurs bras
Le vent brusque qui fuit de leur étreinte et traîne
Les feuilles en émoi que soulèvent ses pas ;

Il pleut sur nos cheveux, il pleut dans la fontaine
Et l'averse déjà rit à travers ses pleurs !
Toute la terre embaume impétueuse et saine

Vers celle-là qui vient debout parmi les fleurs.

> Le chœur s'est retiré. Le soleil illumine de nouveau la forêt ; on entend l'eau qui s'égoutte des branches ; une tiédeur molle s'exhale. Tous deux entrent ; lui vêtu d'un manteau sombre. Elle, rieuse et langoureuse, qui marche onduleusement ; une draperie légère de gaze embrume son corps nu. Ses cheveux mal rassemblés croulent à demi sur sa nuque. Elle tient des roses à la main.

ELLE

Veux-tu ces roses ?
Elles sont fraîches à mes mains mouillées
Et je me suis agenouillée

Pour les cueillir sur la terre chaude ;
Veux-tu ces roses ?
Prends la plus belle
Je voudrais que tu la respires, toi qui marches
Sans te pencher sur elles,
Et je voudrais, à ces mains pâles que tu caches
Sous la bure de ton manteau grave,
Voir une de ces fleurs en flamme, la plus belle,
Et je veux que tu marches
Devant mon rire clair, une fleur à la main.

> *Elle lui tend la fleur qu'il ne prend pas et qui tombe.*

La pluie et le soleil tissent d'or et de soie
Ton manteau sombre et te font joyeux le chemin ;
La lumière t'enlace aux toiles de sa joie.
Pourquoi triste toujours d'ombre vêtu ?
Pourquoi as-tu
Jeté la rose sans avoir souri,
Pourquoi n'as-tu pas ri
A cette fleur ?

Aimes-tu mieux mes lèvres ?
Ma bouche est encore mouillée et fraîche
D'avoir baisé les fleurs avant de te les tendre.
O toi qui n'aimes pas les roses que je cherche

Parmi les épines des branches,
O toi qui n'aimes pas la forêt odorante,
Toi que le jour joyeux rend plus sombre et pareil
Aux houx dont le feuillage est noir dans le soleil.

Tout rit et chante, les feuillées
S'égouttent sur les fleurs et les mousses,
Toute la forêt est mouillée,
Il pleut en diamants dans le miroir des sources;
Goûte mes lèvres qui sont douces.

Tu me repousses.

Un nuage passe sur les arbres
Le ciel se marbre,
La forêt qui fut d'or s'éteint et stagne verte.
Voici l'averse...
Il va pleuvoir.

Le soleil reparait.

Je savais bien que tu voudrais ma bouche;
Pourquoi tes mains sont-elles froides que je touche
De mes lèvres sous ton manteau
Quand le sourire va monter à ta face
Et te faire joyeux et beau,
Quoi que tu fasses
Pour rester taciturne et sérieux
Malgré cette forêt qui chante et où tu passes ?

Regarde-la qui pleut de soleil et ruisselle
En larmes claires et qui luit et qui s'ocelle,
Glauque d'émeraude et d'or comme un paon qui roue...
Vois, une goutte d'eau a coulé sur ma joue
Et elle s'arrête et tremble au coin de ma lèvre
Puis, fraîche, glisse entre mes seins et, toute tiède,
Je frissonne un peu pâle et toute chatouillée ;
Ma chevelure croule à demi et mouillée
Elle est si lourde que son poids me lasse et pèse
Comme de l'or qui se fondrait et serait tiède.
Ah ! je voudrais dormir dans ce qu'en moi je sens
De délices et les mains à ma nuque...

Sens

L'odeur de ma peau moite et touche ma peau nue
Où toute une tiédeur en parfums m'est venue
Qui m'accable et m'embaume et tu respirerais
En mon souffle l'odeur de toute la forêt ..
Oh ! mes yeux purs sont frais en moi comme des sources !
Des endroits de ma peau se veloutent de mousses,
Il me semble aujourd'hui que mes seins sont éclos,
Si je pleurais de doux ramiers seraient l'écho
Et des abeilles sont éparses dans mes rires,
Et parmi la douceur de l'air où je m'étire
Je me semble plus grande et je me sens plus belle
Et magnifique de la Vie universelle !

Écoute aussi le vent qui chante et rit et passe;
Toute la forêt pleut de son rire clair,
La branche à la branche s'entrelace
Et là-bas, très loin, à travers
Les chênes bruns et les pins verts,
On dirait que le vent plus grave, c'est la Mer.

Souviens-toi de la plage et des algues et des coquilles
Où je dormais nue et tranquille
Et comme tu me regardais
Dormir ainsi sur la grève douce.

Le vent s'est tu et voici dans la source
Mon visage qui s'apparaît
Sous sa couronne de cheveux et de forêt;
La source est un miroir lorsque le vent se tait;
Mon voile autour de moi flotte comme une brume
De soleil et on la dirait l'ancienne écume
M'attestant, de la mer, naïve, provenue,
Et de toute ma chair tiède je me sens nue
Et l'eau m'attire...
Regarde comme elle est claire à la fontaine
A qui s'y mire
Et comme elle doit être fraîche à qui s'y baigne.

Me voici sur le bord de la fontaine claire
Et mes cheveux qui vont s'écrouler en arrière

Mêleront leur cascade d'or à l'eau d'argent,
Et ma poitrine, avec ses deux seins en avant,
Surgira de ma robe autour de moi tombée,
Et, debout, un instant, auprès de l'eau bordée
D'iris et de glaïeuls et de plantes flexibles,
Je me tiendrai pareille aux Nymphes invisibles
Qui hantent la forêt ou, Sirènes, la mer ;
Alors je descendrai, rose dans le flot clair
Avec sa grande ride en cercle autour de moi,
Et je te sentirai monter, ô cristal froid
Des sources, de mes jambes jusques à mon ventre
Et à mes seins et mes épaules, puis plus lente,
Rieuse et les yeux clos, je plongerai ma tête
Que tu verras parmi les herbes disparaître
Dans le remous ondé de mes grands cheveux d'or.
Dis, ne veux-tu pas que je sois celle qui sort
De l'eau, éblouie et, debout avec un rire,
Se dresse toute nue anxieuse et s'étire
Et qui s'endormirait fondue entre tes bras ?

> Elle s'est retournée vers lui. Sa robe entr'ouverte la montre nue. De ses mains élevées elle soulève sa chevelure et apparaît un instant sur la forêt illuminée qu'assombrit un nuage subit.

LUI
> Il va à elle les poings levés, menaçant. Elle se prosterne.

Je ne veux pas !

O forêt qui ris vaste d'or et de soleil
De la voir nue ainsi de la nuque à l'orteil
Éteins ton flamboiement d'eaux, d'arbres et de roses,
Sois obscure ! tais-toi, profonde ! chaste, sauve
Celui qui vint vers toi couvert du manteau noir,
Celui qui se révolte et qui ne veut plus voir
Ton immense baiser qui l'enivre et l'étouffe
Lui monter peu à peu en riant à la bouche.
Vent de l'ombre ! viens-t'en des feuilles et des antres
Vers l'Étrangère en fleur qui dévoile son ventre
Et, les seins nus, étale, obscène en sa beauté,
Sa chair de printemps ivre et ses cheveux d'été !
Trouble l'eau qui la mire et convoite sa grâce
Et souffle-lui ta voix furieuse à la face
Et emporte avec toi, par delà mes pensées,
Les paroles que cette bouche a prononcées,
Ivre de sa chair moite et de ses duvets chauds,
Qui, lèvre à lèvre, ont fait balbutier l'écho !
Et moi, si j'ai rêvé sa nudité impure
Au bord des mers, jadis, à l'aurore, je jure
Que je voulais, magicien au manteau noir
De la tristesse et de la science et du soir,
Éveiller dans ce corps d'où les Dieux l'ont chassée
Une âme grave égale à ma haute Pensée !
Pourquoi es-tu venue ainsi sur mon chemin ?
Lorsque je dors je sens ton souffle sur mes mains

Et ta bouche ne sait que le baiser et rire
Aux abeilles que d'être douce tu attires ;
Un éternel soleil semble farder ta joue,
Ta chevelure au moindre geste se dénoue,
Ton sein sort de ta robe et ton ventre soulève
L'étoffe claire qui palpite quand tu rêves,
Lasse et molle de ton animale tiédeur,
Couchée avec les yeux ouverts, parmi les fleurs,
Ou paresseuse avec les coudes sur les roses ;
Je te sens odorante et je te songe fauve.
Va-t'en car je te chasse, impure, et je suis las
Des touffes d'ambre et d'or qui frisent sous tes bras,
De ta bouche où je bois comme des fruits qui fondent,
De ta chevelure dont la houle t'inonde
Et que je voudrais prendre à la poignée et tordre,
De tes seins que tu me tends pour que je les morde,
De ton ventre où je sens sous ma main qui le touche
Un soubresaut de bête engourdie et farouche,
Et de toute la vie ardente et bestiale
Qu'autour de toi ta chair dans l'été roux exhale !

Le vent souffle.

Je te chasse, va-t'en, recule ou sois une autre,
Car je suis las de cette bête qui se vautre
Et qui se cambre et qui s'étire et qui est nue,
Va-t'en ! sinon de toute ma colère accrue,

Comme ce vent qui souffle et gronde dans les chênes,
Sourd comme mon courroux, âpre comme ma haine,
Je frapperai ton corps vil avec cette corde
Et, surgie avec tes grands cheveux qui se tordent
Dans l'orage, à travers les bois et la feuillée,
Par la pluie et le vent, tu fuiras, fouaillée !
Et moi, tragique avec mes deux mains violentes,
(Elles, faites, hélas, pour le Livre et la Lampe !)
Drapant sur mon Destin plus grave et sans espoir
Le pli mystérieux de mon lourd manteau noir,
Je regarderai fuir dans la forêt farouche
Le cri désespéré qui tordra cette bouche
Et se cabrer, parmi le vent vaste en ses crins,
La Bête aux cheveux d'or qui me léchait les mains.

Mais tu pleures, je vois tes larmes ; il me semble
Qu'une main grave enfin sur ta nuque rassemble
Tes cheveux et te voici douce dans tes larmes
Qui font déjà de toi presque un peu une femme.
Le ciel est noir et voici que la chair s'épure ;
On dirait que cette ombre enfin te transfigure
Et je vois poindre en toi comme une sœur sacrée ;
Je te bénis, sanglot qui l'as transfigurée !

Une cendre avec l'ombre éteint ses cheveux roux,
Elle est moins nue ainsi d'être humble et à genoux.

Voici l'été qui meurt et c'est l'autre saison.
Veux-tu me suivre au seuil de ma haute maison
Et t'asseoir, auprès de la table, sous la lampe,
Silencieuse et docte et un doigt à la tempe ?
Veux-tu l'exil du songe où ton pas va me suivre,
Idole calme avec un coude sur le Livre,
Pareille à ma pensée et la main au fermoir ?
Veux-tu marcher en paix vers les routes du soir
Car tu pleures et tu renais de par ces larmes ?
Et celles-là vont faire de toi une femme.

> Il lui montre les Tisserandes qui s'avancent lentement à travers les arbres. Elles portent des étoffes, et l'une des sandales. Elles viennent dans un long rayon de soleil pâle entre deux nuées d'orage.

Lève-toi, car voici les heures qui se hâtent !
Vêtez-la. Donnez-lui le voile et les sandales,
Le manteau qui s'agrafe et la robe tenace ;
Nattez ses lourds cheveux en ordre, et que leur masse
Naïve orne son front de leur miel indulgent ;
Que ses bagues soient d'or et son collier d'argent
Car il faut que soit belle et noble la Pensée ;
Donnez-lui maintenant la corbeille tressée
Et placez-y la clef de la porte et le pain.
Haute et grave c'est là maintenant son Destin.
Et maintenant, ô sœur, qui retrouvas ton âme
Dans la pluie éblouie et l'orage des larmes,

Toi qui marchas longtemps sur la grève et la mousse
Avec tes deux pieds nus par des routes trop douces,
Qu'entre les durs cyprès l'écho de tes sandales
Résonne chastement sur le marbre des dalles
Et s'éloigne vers l'ombre et ne s'entende plus ;

Les Tisseuses l'ont coiffée et vêtue.
Il la prend par la main, se retournant.

Adieu comme à toi Mer, Forêt !

ELLE
Le suivant.

Il l'a voulu !

Le vent a cessé, le soleil a disparu ; de grosses gouttes
de pluie tombent. Les Tisseuses restent seules.

L'UNE DES TISSEUSES

Voici que pleure parmi l'ombre la forêt.
O sœurs, le vent s'est tu et la pluie, une à une,
Fond en larmes comme quelqu'un qui pleurerait.

Les grands iris au bord de l'eau tendent leurs urnes ;
La fontaine est de marbre et la source de pierre,
Et les ronces crispent d'épines leur rancune.

Le vent a défleuri la rose, la première,
Et demain tomberont les feuilles déjà mortes ;
La pluie et la forêt pleurent la Nymphe claire.

Ses doux seins fleurissaient la grâce de son torse
Et la nature souriait avec sa bouche ;
Les grands arbres aimaient sa chevelure torse.

Elle était la chair bonne et la volupté douce,
Le délice d'aimer et l'ivresse de vivre,
Le soleil sur la fleur et le ciel sur la source.

Elle a quitté toute la forêt pour le suivre.

LA PLUS VIEILLE

Elle était la Nature ; il a voulu la Femme
Et sans avoir compris pourquoi elle était nue
Il a fait un flambeau de ce qui fut la flamme,

De ce qui fut l'aurore et le vent et la nue
Il a fait le fouet, la pluie et le tison ;
Il maudira le jour où il l'aura connue,

Car sa Lampe mettra le feu à la maison ;
Et la voici debout à peine sur le seuil
Que la Mort avec elle entre dans la maison.

Avec le manteau sombre elle a vêtu le deuil ;
La ruse craque au pas prudent de ses sandales,
Et ses cheveux nattés sont déjà de l'orgueil ;

Son voile est le mensonge et l'or vil de ses bagues
Est pareil aux serments auxquels je vois sourire
La froide cruauté de sa face de marbre.

O ma sœur, je le vois pleurer de ce sourire !

L'UNE

Le pain blanc que ses mains portent dans la corbeille
Est la cendre de l'Espoir et sa nourriture ;
La douleur mûrira par grappes à ses treilles.

L'AUTRE

Et la clef qui sursaute et tinte à sa ceinture
Ouvre la porte d'ombre et la chambre où s'agitent
L'inquiétude en sang que le soupçon torture,

ENSEMBLE

La luxure qui mord et le souci qui griffe.

LA PLUS VIEILLE

Puisqu'il n'a pas compris la Nymphe aux cheveux d'or
Qui voulait se baigner plus nue à la fontaine,
Et puisqu'il n'a pas reconnu celle qui dort

Auprès de la mer vaste où nue est la Sirène,
Puisqu'il a dédaigné la Nymphe aux cheveux d'or,
Qu'il s'en aille à jamais où son Destin le mène,

Et que la Femme, hélas ! le conduise à la mort.

> *Le ciel est tout à fait noir. Un éclair brille et se casse comme un glaive.*

*

Au soleil couchant, la même grève qu'à l'aurore. Sur le sable il est étendu mort, auprès de lui elle se tient vêtue d'une sorte de longue robe glauque dont la traîne se contourne caudale et écaillée.

ELLE

O pauvre frère aux yeux de songe et de science,
Toi qui veillais dans l'ombre et ne souriais pas
O triste frère aux yeux de science et de songe,
Toi qui veillais dans l'ombre,
Du soir à l'aube lente,
Es-tu si las,
Si las, mon frère, que tu n'aies voulu vivre,
Si triste, mon frère, que tu gises
Enfin dormant sur cette grève, toi qui dors
Tandis que le soleil tiédit mes cheveux d'or
Qui se déroulent et ruissellent et qui vivent
En leurs langueurs d'algues et d'or,
O toi qui dors !

Les fleurs pourtant embaumaient les matins clairs,
Il y avait des roses dans la forêt
Et des iris près de la fontaine et près
Des ruisseaux, et, le long de la Mer,
Sur les grèves, poussaient dans le sable rose
Les chardons bleus et les herbes mauves.

Et j'étais belle et nue et tiède
Et douce à tes lèvres,
De tout mon corps et de mes lèvres.
Et tu pouvais baiser ma bouche,
Et tu pouvais toucher mes seins,
Avec tes mains,
Me toucher toute !

Il fallait manier mes cheveux
Comme on ramasse des algues jaunes, brins ou nattes,
Où de l'or se mêle aux reflets bleus ;
Il fallait regarder mes yeux
Comme on regarde l'eau qui luit en flaques
Sur le sable plus doux à toucher qu'une joue ;
Il fallait toucher mon ventre
Comme on joue
A flatter de la main une vague qui s'enfle
Et se gonfle et s'apaise et qui n'écume pas,
Et suivre en souriant la trace de mes pas
Et sourire et chanter et vivre
Sans épeler le pied du Destin sur le Livre
De la grève où la mer efface chaque jour
Le vain grimoire triste auquel tu t'appliquas ;

Il fallait mettre en tes pensées
Du vent, du soleil et de l'amour,

Toute ma chair
Vivante à la tienne enlacée,
Et sur la bouche grave et pâle de ton songe
Ma bouche fraîche !

Je n'ai pas en moi de fantôme pour ton ombre,
Je ne suis pas l'ombre que ton rêve cherche ;
Pourquoi m'as-tu voilée ainsi de robes lourdes
Et fermé sur ma chair le manteau grave
Que crispaient à mon col les ongles de l'agrafe ?
Pourquoi par le mensonge qui me couvre
De ses plis m'as-tu faite semblable aux autres femmes,
Moi la pure, la vivante, la nue,
Pourquoi m'avoir vêtue ?

O tresses qui faites de la chevelure
Où le vent chante
Et qui croule sur l'encolure
L'or roux de sa vague vivante,
O tresses qui faites de la chevelure
Tressée et haute et qui se recourbe et qui se dresse
Le casque d'or de quelque guerrière méchante
Où la chimère, hélas ! se love dans la tresse
Et darde sa langue
Qui siffle et qui s'effile en quelque boucle ardente,
O lourds cheveux qui se façonnent en casque,
O robes dont la traîne écaillée et qui rampe

Glauque et sinueuse et bleue
Figure à ma nudité ambiguë une queue
Fabuleuse !

Tu m'as voulue ainsi fardée et fabuleuse
Moi la simple, moi la rieuse,
Fille de la mer glauque et du soleil joyeux,
Tu m'as voulue
Ainsi, moi dont le sort est d'être nue
Comme la mer et comme les roses,
Et c'est à cause
De tout cela que tu es mort, ô pauvre frère,
Aux yeux de songe et de science, ô funéraire
Et doux amant, hélas ! qui ne m'as pas connue
Parce que je riais et que tu me vis nue.

Ah ! mon frère, mon triste frère, ô pauvre mort,
Dors donc, dors !
Les fleuves coulent vers la mer
Calmes et graves à travers
Les plaines grasses et les forêts ;
Il y a des iris auprès
Des fontaines, et des roses, et des oiseaux,
Et des abeilles !

Le Désir à sa bouche accouple les roseaux
En flûtes doubles et chante et s'émerveille
D'être la Vie...
Et tu es mort !

Et nous voici l'un et l'autre près de la mer.
Ami, ton âme, hélas ! n'a pas compris ma chair
Et c'est en vain que j'ai déroulé mes cheveux,
Et c'est en vain que j'ai marché nue à tes yeux ;
Tu passas, et le soir, ami, t'ouvre sa porte,
Et la Vie à genoux baise tes lèvres mortes.

Elle se relève.

Et me voici encor debout devant la mer.

Elle se tient debout en sa robe glauque,
écaillée, aux derniers rayons du soleil.
La mer a monté, les vagues déferlent sur
le sable et emportent le cadavre.

O souveraine
Qui montes en vagues d'écumes et roules
Sur la grève la volute de tes houles,
O souveraine
Qui écumes et qui ruisselles, ô Mer
Propice et maternelle à ma chair,
O moi, partie et revenue,
Reprends-moi nue,

Berce mes cheveux d'or parmi tes algues rousses,
Prends les fleurs de mes seins parmi tes fleurs marines,
Gonfle tes vagues contre ma poitrine,
O souveraine, ô bonne, ô douce,
Mêle mes ongles à tes coquilles
Et mes lèvres à tes coraux,
Fais de mes oreilles des conques pour tes échos,
O souveraine,
Fais-moi toi-même
Jusqu'au jour où, surgie encor de ton écume,
J'apparaîtrai encor la même,
Peignant à mes cheveux les perles de l'écume
Qui couleront sur mes seins, une à une,
J'apparaîtrai !
O souveraine,
Reprends-moi en ton flot maternel et sacré
Car je suis revenue ;
Moi la Vivante, moi la Nue,
O souveraine,
Reprends-moi nue,
Moi ta Sirène !

> Une vague plus haute l'emporte dans sa volute. Puis la mer se calme, étale. Le crépuscule efface les rochers, la grève. Le ciel commence à s'étoiler, et, de très loin, à la proue d'un navire invisible on entend, plus distincte et plus proche à mesure qu'il parle, la voix du veilleur de proue :

LE VEILLEUR DE PROUE

Je suis celui qui saigne sur la proue...
Les uns m'ont craché au visage,
Les autres m'ont frappé à la joue,
Certains plus sages
Boivent ou se disputent et jouent
Ma robe aux dés et moi, nu dans ma chair,
Je saigne sur la proue,
Je saigne sur la Mer !

Elle est belle sans doute ce soir sous les étoiles
Qui montent et que je ne vois pas...
Oh taillez mon linceul dans la pourpre des voiles !
Et que je meure, je suis las,
Las de mes yeux sanglants et de ma chair qui saigne
Et de vos cris vous qui m'avez
Cloué sur la proue et m'avez
Bouché les oreilles de cire
Pour que je n'entende pas les Sirènes,
Et aveuglé
Pour que je ne voie pas les Sirènes,
Vous qui m'avez cloué avec des rires
Qui redoublaient à chaque clou
Sur la proue et m'avez cru fou
Alors que seul j'y vois clair,
Moi qui voyais des Sirènes sur la Mer

Vous disiez qu'elles n'existent pas,
Vous disiez qu'elles ne peignent pas
Leurs cheveux d'algues, une à une,
Souriantes au-dessus de l'écume ;
Et ceux qui viennent de la terre, avec encor
A leurs talons la glèbe grasse du labour
Et les feuilles sèches de la forêt, avec encor
A leurs mains le geste gourd
De la charrue ou de la herse ou de la hache,
Tous ceux-là criaient avec vous
Que j'étais fou,
Qu'en les champs il n'est plus de Faune qui se cache
Accroupi dans les blés d'où sortent ses cornes,
Et que dans les bois mornes
Les hêtres tombent, branche à branche, au crépuscule
Au heurt des haches,
Arbre par arbre,
Sans que saigne au tranchoir le sang de la Dryade,
Et qu'on n'entend plus galoper par la plaine
Le Centaure emportant la Nymphe des fontaines
Sur sa croupe, riant dans l'ombre, toute nue,
Et que le temps est mort des faces inconnues
Qui pleuraient dans la pluie ou parlaient dans la nuit :
Masques de l'antre où rit la bouche de l'écho,
Visages du rocher, yeux des eaux,
Destins à nous venus dans la nuit et le vent

Et signes du silence où quelqu'un est vivant !
Vous avez dit que tout est mort
Et qu'il n'y a plus rien en face de notre âme !

Sur les mers de houles et d'or
Levez les rames,
Et chantez dans la nuit et voguez dans le vent
Sans voir ce que je vois moi qui saigne à l'avant
Du navire où vous avez cloué ma chair
D'Argus mystérieux où chaque clou
Ocelle un œil qui saigne et voit, Paon de la Mer,
Moi qui trône et roue
De toutes mes blessures bleuâtres sur la proue !
Car je les vois,
Car je la vois,
J'entends leurs voix,
J'entends sa voix,
Il y a des Sirènes sur la Mer,
Une Sirène sur la Mer !

FLUTES D'AVRIL & DE SEPTEMBRE

A STÉPHANE MALLARMÉ.

LE REPOS

J'ai longtemps animé avec mes flûtes justes
Un paysage frais de ruisseaux et d'arbustes,
Et mon souffle soumis à mes doigts inégaux
A longtemps imité les feuilles et les eaux
Et le vent qui parlait à l'oreille des brises ;
Mais le buis est amer aux dents et les cytises
Sont amers, et les heures calmes et les jours
Et ce qu'on croit la joie et ce qu'on croit l'amour ;
Et les soirs langoureux et les aurores tendres
Mûrissent des fruits d'or qui font la même cendre ;
Et les faces toujours ont la même pâleur
A s'apparaître aux fontaines parmi les pleurs
Qu'à rire hautes aux miroirs de leurs destins ;
Et le pied qui n'a pas marché saigne, et les mains
Sont lasses tout autant de l'argile des lampes
Que d'avoir, furieusement, au bois des hampes
Crispé leurs ongles durs, et la paume s'écorche
A tenir une fleur comme à brandir la torche.

Un occident qui meurt est une ville en flammes,
Et tous les soirs sont graves pour toutes les âmes;
Une flûte de buis contrepèse une épée;
Une déesse vit encor dans la poupée,
Et c'est le même songe et c'est la même chose
De cueillir une palme ou de cueillir des roses!

LES GARDIENNES

Les cygnes du bassin qui s'endorment sur l'eau,
Le vent qui balbutie aux tiges des roseaux,
L'allée où, vers le soir, tombent les feuilles mortes,
Les trois marches du seuil et la clef de la porte,
La petite maison à travers les grands arbres,
La fontaine qui filtre en son auge de marbre
Et toi-même qui t'accoudes à ton métier,
Tout cela : le jardin, la treille, l'espalier,
Ce qui fut notre jour, ce qui fut notre joie,
L'eau qui rêve, le vent qui rit, l'arbre qui ploie,
Et les heures dont tu coupais les longs fils morts,
A mesure, au tranchant de tes clairs ciseaux d'or,
Car c'est entre tes mains que les heures sont mortes,
Rien n'a changé : la clef se rouille sur la porte,
Les bras de l'espalier se crispent de l'attente,
Le cygne est endormi, la fontaine plus lente

S'attarde, et l'eau s'enfeuille en son auge de marbre,
La maison toujours luit à travers les grands arbres,
Car, avant de quitter le seuil de ma mémoire
Pour errer à jamais parmi la forêt noire,
J'ai placé, pleines d'eau et d'huile parfumée,
Près de toi la clepsydre et la lampe allumée.

MÉDAILLON PASTORAL

Le vent las a donné ses flûtes aux fontaines
Qui chantent doucement parmi l'ombre des chênes,.
Ce soir, et l'Été las sous un hêtre s'endort;
Sa faucille d'argent avec les épis d'or
Atteste la moisson qui n'est pas achevée,
Et la lune silencieuse s'est levée,
Et, toute blanche, assise auprès des calmes eaux,
Tu cueilles sur la rive, ô Nymphe, des roseaux
Et je t'ai vue, au bord de la fontaine, l'une
Des Nymphes, toi qui sais, songeuse, vers la lune,
Pour que de l'ombre en paix naisse un jour indulgent,
Unir tes lèvres d'aube à ta flûte d'argent.

LES OMBRES FIDÈLES

Avec ton souvenir qui accoude en mon songe
La statue aux yeux clos et qui serait ton ombre
Si ta voix n'était pas morte dans mes pensées,
Fraternels, et leurs mains entre elles enlacées,
J'ai dans mon souvenir, debout et face à face,
Anciens témoins et qui se parlent à voix basse,
L'un qui sourit encore à l'autre qui larmoie,
Le désir de la Mort, le désir de la Joie
Qui se tiennent ainsi et ne me quittent pas ;
Si je marche j'entends auprès de moi leurs pas ;
Partout où je me songe et partout où je vais
Ils me suivent, et l'un marche sur des pavés
De marbre taciturne où poussent des fleurs claires
Dès que l'autre après lui foule les sombres pierres.

HEURE D'AUTOMNE

Mon jardin est là-bas derrière la colline
Et ma fontaine est douce où des roseaux s'inclinent
Sur l'eau bleue au matin et jaune vers le soir.
La bêche en le heurtant fait tinter l'arrosoir
Car la tâche finie on les rentre, et la bêche
Luit sur l'épaule comme une arme bonne et fraîche,
Et l'eau s'égoutte encor du crible de la pomme.
Mon songe tour à tour est la fleur qu'il se nomme
Tout bas, pour sa douceur ou pour son amertume;
L'ombre vient; l'herbe se fonce; la terre est brune;
Le sable de l'allée est blanc le long du buis;
Le cep rompt sous la grappe, et l'arbre sous le fruit
Oscille, feuille à feuille, à son poids qui l'incline,
Car l'automne est déjà derrière la colline;
Il vient, et avec lui bientôt il va falloir
La corbeille et la serpe au lieu de l'arrosoir,
Et vendanger la treille et cueillir l'espalier,
Et voir dans l'eau toutes les tiges s'effeuiller

Au vent mystérieux où chaque année emporte
L'hirondelle qui fuit avec les feuilles mortes.

LES TRAVAUX

Je t'atteindrai, farouche, et te vaincrai, hautaine,
Car j'ai lavé mes mains aux eaux de la fontaine,
Et mes yeux se sont vus sourire en son flot clair
Qui chante, et j'ai lavé mes pieds nus dans la mer,
Et le vent a passé sur ma face, et je suis
Calme comme est l'Aurore ayant vaincu la Nuit
Et pur de par le vent, la mer et la fontaine !
Je t'atteindrai, farouche, et tu ploieras, hautaine,
Et malgré tes cheveux d'or roux et tes yeux durs
De guerrière et ta bouche ardente et tes seins sur
Qui l'on modèlerait un buste de victoire,
D'une laine filée à ton rouet d'ivoire,
Lasse, et tes mains encor gourdes de l'écheveau,
En songeant, à mes pieds, aux antiques travaux,
Tu joueras sur la dalle, humble, accroupie et chaste,
Avec trois cailloux blancs et trois pierres de jaspe.

INVOCATION MÉMORIALE

La main en vous touchant se crispe et se contracte
Aux veines de l'onyx et aux nœuds de l'agate,
Vases nus que l'amour en cendre a faits des urnes !
O coupes tristes que je soupèse, une à une,
Sans sourire aux beautés des socles et des anses !
O passé longuement où je goûte en silence
Des poisons, des mémoires âcres ou le philtre
Qu'avec le souvenir encor l'espoir infiltre
Goutte à goutte puisé à d'amères fontaines ;
Et, ne voyant que lui et elles dans moi-même,
Je regarde, là-bas, par les fenêtres hautes,
L'ombre d'un cyprès noir s'allonger sur les roses !

ALLÉGORIE

J'ai vu dans mon miroir où s'est connu mon songe,
Face à face et parmi des guirlandes de bronze,
Le sourire qu'avait ma joie ou ma tristesse;
C'est là que j'ai trouvé cette autre que je cherche
Dans ma voix, dans mon pas sur les feuilles séchées,
Dans ce que ma mémoire a dit à mes pensées,
Dans ce que le silence apprenait à mon ombre;
Et la voici parmi les guirlandes de bronze
Qui me regarde enfin avec mes propres yeux.
O mystère d'être la seule toutes deux,
Moi l'anxieuse, aussi, de cette autre anxieuse !
O double solitude où chacune était seule
Et d'où chacune enfin pour se voir est venue
Et pour être plus près encor s'est mise nue;
Et je sais maintenant, sœur pareille aux fontaines,
Le sourire à jamais de ma face certaine
Autour de qui se crispe un feuillage de bronze
Où la gloire à mon front par un laurier s'annonce,

Et debout devant moi je fais avec mes mains
L'offrande de mes jours à mes graves destins!

APRÈS LA FORÊT ET LA MER

Ma tranquille maison est la même aujourd'hui
Qu'aux jours de ma jeunesse où mon Désir a fui
Son seuil, et mon retour s'accoude, vers le soir,
Sur la table où ma lampe brûle, et je peux voir,
A sa flamme qui se projette droite et haute,
Mon ombre auprès de moi qui songe côte à côte,
Assis à l'âtre en cendre et sans bénir les Dieux,
Car mon foyer n'a pas d'autels et mal pieux
Nous n'invoquerons pas de lares, et, Déesses,
Votre sourire est mort au soir de nos sagesses !
Ayant vu la forêt et la plaine et la mer,
Je sais que toute Nymphe est femme par sa chair ;
Les Faunes sont des masques où un nain ricane,
Bestial avec des sabots de bouc ou d'âne,
Et lorsque je ramais dans ma barque marine,
Entre elles, vers leur voix, venue à moi divine,
J'ai vu, que je pensais être à jamais sereines,
Après avoir chanté se mordre les Sirènes !

ATTRIBUTS

De tout ce grand amour et de toute ma vie,
Gerbe éparse que l'heure éternelle délie
Et dont le vent du soir à l'année étrangère
Disperse les grains mûrs et les pailles légères,
Il ne restera rien, car le futur Été
Ne saura même pas si quelqu'un a été
Le moissonneur de cette terre que moissonne
Un autre, hélas! pour qui l'indifférent automne
Mûrit le raisin lourd au cep qui l'a porté,
Un autre! et lui, peut-être, au soir de son Été,
Trouvera, parmi l'herbe, auprès de la fontaine,
Une urne où dormira une cendre incertaine
Que versera la main qui l'aura soupesée
Et deux flûtes de buis et d'ébène, croisées
Sur un masque pétri d'une pâte de cire
Où s'efface à demi la bouche d'un sourire.

MÉTAMORPHOSE SENTIMENTALE

Une rose jusqu'à tes lèvres est venue.
Sois le geste que fut trop longtemps ta statue !
Les fleurs montent autour du sombre piédestal,
L'aurore souriante empourpre le métal,
Et le bronze tiédit qui veut être ta chair ;
O toi qui es debout, viens boire au fleuve clair !
Voici sourdre la vie aux veines de ton ombre ;
L'été roucoule avec sa gorge de colombe
Autour du spectre dur où ton Destin s'est fait,
Grave de quelque soir et lourd de quelque faix,
La stature d'un rêve et le masque d'un songe
Que la rouille carie et que la mousse ronge ;
Le noir enchantement de l'orgueil se dissout ;
Les roses ont monté jusques à toi debout
Dans l'arrogance et la posture où tu t'obstines ;
Tes lèvres ont goûté l'âme des fleurs divines
Où le sang de la vie empourpre son sourire,
Et voici que tu te réveilles et t'étires,

Avec le geste enfin d'appeler les colombes,
Au son des flûtes d'or que fait chanter dans l'ombre,
Une à une et toutes de son rire sonores,
La bouche de la Vie aux lèvres de l'Aurore.

LES REGRETS

Au crépuscule mauve au delà de la haie
Où l'épine à la fleur survit avec la baie,
La Colère a passé, ce soir, sur le chemin,
Hautaine avec la torche et le glaive à la main,
Et l'Orgueil la suivait pas à pas et la Haine
Et l'Amour qui fit signe à mon âme incertaine;
Il a tourné la tête et j'aurais pu le suivre...
L'heure du sablier sonnait à la clepsydre
Dans ma calme maison par la porte entr'ouverte;
Et j'ai vu, sur le sable pâle et l'herbe verte,
Avec l'ombre du toit, l'ombre du vieux cyprès;
Et toute la douceur juste du jardin frais
Est jusqu'à moi venue avec l'odeur des mousses,
Et j'ai pensé, parmi la paix des choses douces,
A ma flûte d'ébène et à ma flûte d'or
Et à mon verre de cristal où jusqu'au bord
L'eau fraîche fait perler une sueur de givre;
J'ai vu le sablier auprès de la clepsydre

Et la vie à jamais la même et j'ai pleuré
De ce que seul d'entre eux l'Amour ne fût entré,
Car la flûte, la faulx, la serpe et l'arrosoir
Sont tristes quelquefois à qui marche, le soir,
Silencieux et que la fontaine s'est tue,
Autour du buis taillé qui borde les laitues.

HÉROÏDE

Quand j'eus cueilli la fleur qui pousse au rameau d'or
Et qu'il faut respirer pour aller vers la Mort
A Perséphone en pleurs réclamer Eurydice,
Sans que la main tressaille ou que le front pâlisse
De revoir femme encor celle qui fut une ombre;
Ayant passé le fleuve et nourri les colombes
Qui volent vers l'Amour et mènent vers l'Espoir,
Je m'arrêtai, parmi les arbres du bois noir,
Attendant que la nuit fît face à mon Destin
Où rien n'avait comblé le désir de mes mains,
Ni la fleur d'or, ni l'eau du fleuve et les colombes
Ni l'amour, ni l'espoir enfuis avec cette Ombre
Qui détourna la tête et ne répondit plus.
C'était le soir dans la forêt, quand j'aperçus,
Parmi le tourbillon, là-bas, d'un feu qui fume,
La flamme d'une forge ardente où, sur l'enclume,
On forgeait au marteau, sonores, des épées!
Et j'en pris une, et la branche que j'ai coupée

Ne refleurira plus sa fleur de songe et d'or,
Et j'ai tué les colombes et j'ai encor
Frappé du glaive clair l'Ombre mystérieuse,
Et mon âme, depuis, est cette furieuse
Qui, dans le bois tragique et près du fleuve sombre,
Erre, odieuse aux fleurs et funeste aux colombes.

LE VOYAGEUR

Vers la douce maison dont j'ai fermé la porte,
Un soir, sur l'âtre en cendre et sur la lampe morte,
Je reviendrai, car l'aube est triste sur la mer,
Y rallumer la lampe éteinte et l'âtre clair ;
La forêt est si vaste au bout des marais mornes
Que l'an aura déjà décliné vers l'automne
Quand mes pas oubliés ranimeront l'écho
Qui répond, en entrant, à gauche de l'enclos.
Anxieux qu'au jardin les Faunes sous les treilles
Aient, la ruche rompue, emporté les abeilles
Et les Satyres bu les outres du cellier
En dansant et pillé les plants et l'espalier
Et, avec les roses mortes, dans la fontaine
Jeté des fruits pourris, des caïeux et des graines.

ÉGLOGUE MÉTAPHORIQUE

L'automne, au fond des soirs, détellé ses taureaux ;
La terre fume violette au soc ; les eaux
Langoureuses parmi les prés semblent attendre ;
Les premiers feux, hélas ! font la première cendre.
Vois le sarment noueux et la pomme de pin !
Si la vie a tordu son thyrse entre tes mains
Les fleurs sont mortes et les grappes sont séchées,
Et l'automne, à son tour, au fond de tes pensées
Détellé les taureaux que ton Désir lia
Au joug, et voici l'ombre enfin, et il y a
Dans ton âme des cendres tièdes et des eaux
T'invitant à laver tes mains que les travaux
De l'année ont souillé de glèbes et de lie
Et à faire du thyrse tors qui s'humilie,
Nu du pampre éclatant et de la grappe lourde,
Le bâton de voyage où l'étape s'accoude.

L'ATTENTE

Le jardin, cet avril, a porté bien des roses
Et voici que déjà les rivières sont grosses
Des orages d'hier et des premières pluies;
La vigne grimpe rouge au balustre où j'appuie
Mon coude sur la mousse et mon front dans ma main,
Et l'ornière se creuse aux glaises des chemins,
Et je t'entends venir, Automne, et ton pied butte;
Tu chancelles ivre du vin nouveau. La flûte
Pousse avec les roseaux au bord de la fontaine
Dans le doux vent qui la tourmente, verte et vaine !
Anxieuse, elle attend le souffle qu'elle inspire
Et les trous dont on l'ouvre et le doigt et la cire
Qui la façonne et les lèvres qui, bien unies,
Joindront sa chanson claire à tes mélancolies,
Automne ! et, dans le vent venu des vieux étés,
Uniront leur jeunesse à ta maturité
Et les rires d'avril aux larmes de septembre
Et dans l'ombre feront soupirer de l'entendre

Mêler ce qui fut doux à ce qui est morose,
Le doux bruit de la pluie avec l'odeur des roses.

L'AMIE

Je t'apporte, ce soir, humble dans mes pensées,
Le geste langoureux des corbeilles tressées,
Avec les pommes d'or, les grappes et les roses ;
Le fruit mûr est plus doux parmi les fleurs, et l'aube
Est plus belle avant que soient mortes les étoiles ;
Voici la pourpre violette avec la toile
Faite de patience et de soirs et d'aurores
Et du bruit du rouet dont, hautaine, s'honore
La plus laborieuse autant que la plus chaste ;
Je t'apporte la rame aussi que la mer vaste,
Furieuse à la proue, éclaboussa d'écume ;
Voici le tiède lait qui comme le sang fume,
Blanc et rouge, tous deux bons à qui les veut boire
Aux lèvres de l'Amour ou au sein de la Gloire,
Et je t'apporte, avec mon orgueil âpre encor,
Ma colère crispant son poing que sa dent mord ;
O douce enfant, debout en ta robe tissée,
Je t'apporte, n'ayant rien autre, mes pensées :

Corbeilles et fruits mûrs et la proue et la rame,
Ce qui de gloire écume aux colères de l'âme
Et l'Amour qui se vêt de pourpres et de toiles
Et bouche à bouche rit à l'ombre qui s'etoile !

L'IMAGE

Les deux enfants sont loin que nous avons été,
Tout un printemps et presque jusques à l'été.
Toi, dans mon souvenir, et moi, dans ta mémoire
Nous sommes là toujours l'un et l'autre et l'eau noire
Du Passé entre nous stagne et si je m'y penche
J'y vois ta face claire et ta tunique blanche
Et, riant de s'y voir inverse, ton visage
Avec derrière toi tout le doux paysage
D'arbres et de jardin, de ciel et de nuée,
Et je t'y vois, là-bas, toute diminuée
De songe et de distance et réduite à la taille
Qu'une Déesse prend sur sa propre médaille
Et si petite que je crois que ta figure
Est sculptée au joyau de quelque pierre dure,
Car dans le sombre onyx où durcit ma mémoire
Comme en mon souvenir de temps et d'onde noire
Tu vis avec moi-même, ô toi que j'ai aimée,
Nymphe du miroir d'eau, Déesse du camée !

Je porte ton image en mon âme car j'eus
L'ardeur et le frisson jadis de tes seins nus,
Et le petit sourire à peine de ta bouche
M'a fait vil, tour à tour, orgueilleux ou farouche
Sous la nuit furieuse ou le ciel étoilé ;
Amour, son dur marteau au poing, m'a martelé !
Et mon âme a souffert ce que souffrait ma vie
De pleurer douloureuse ou de rire ravie,
Chair lascive au désir de l'esprit anxieux ;
Et si ma face encor au songe de tes yeux
Revient parfois elle doit t'apparaître ainsi :
De bronze âpre ou d'un marbre à peine dégrossi
Où l'ouvrier dégage à demi de la forme
Ce qui d'obscur encor s'y ébauche ou d'informe
Et que le seul hasard du bloc d'où on le tire
Fait bouche de sanglot ou bouche de sourire.

FIGURINES POUR UN TOMBEAU

L'Espoir avec l'Amour marche le long du fleuve,
L'Espoir! et les fleurs d'or frôlent sa robe neuve,
Et le soleil sourit dans l'étoffe tissée
Des fils mystérieux de toutes nos pensées
Et transparente au point qu'on distingue au travers
La sveltesse du torse où l'os perce la chair;
Et le visage, hélas! sourit quand le pied butte,
Et les deux compagnons parlent et se consultent
A voix basse et l'Amour soutient l'Espoir qui tremble.
Mais jusqu'au bout du songe ils n'iront pas ensemble,
La mer est loin encor où se perdra le fleuve,
Et l'Espoir, dans sa robe vaine et toujours neuve,
Succombe au crépuscule et ne voit pas le jour;
Et tu l'ensevelis de tes mains, ô Amour,
Et du bûcher de pin où tu brûlas ses os
Tu recueilles sa cendre et, près des calmes eaux
Du fleuve, je te vois qui portes dans le soir
L'urne d'argile rouge où grimpe un myrte noir!

*J'ai joué de la flûte auprès de la fontaine
Et mon souffle inégal dans le tuyau d'ébène
Y entrait rire pour en ressortir sanglot;
Je regardais tomber les feuilles dans son eau
Oubliant, inutile et mauvais chevrier,
L'éternelle verdeur de l'antique laurier,
Et, parmi mon troupeau pillé par les Sylvains,
L'aile basse, broutait le vieux Cheval divin;
Mais j'ai jeté, un soir, dans la morne fontaine,
La tige par morceaux de ma flûte d'ébène
Et je pris le cheval à la bride, et ma main
Cueillit au tronc noueux le rameau souverain
Lourd de ma Destinée et vert de mon Espoir!
Et nous avons marché à travers le bois noir,
Vers la plaine et le fleuve et loin de la forêt
Et, fauve au grand soleil, debout sur ses jarrets,
J'ai vu le cheval rose ouvrir ses ailes d'or
Et, flairant le laurier que je tenais encor,
Verdoyant à jamais hier comme aujourd'hui,
Se cabrer vers le Jour et ruer vers la Nuit!*

LES
ROSEAUX DE LA FLUTE

A PIERRE LOUŸS.

Extremum hunc, Arethusa, mihi concede laborem.
Virgile.

LE VASE

Mon marteau lourd sonnait dans l'air léger,
Je voyais la rivière et le verger,
La prairie et jusques au bois
Sous le ciel plus bleu d'heure en heure,
Puis rose et mauve au crépuscule ;
Alors je me levais tout droit
Et m'étirais heureux de la tâche des heures,
Gourd de m'être accroupi de l'aube au crépuscule
Devant le bloc de marbre où je taillais les pans
Du vase fruste encor que mon marteau pesant,
Rythmant le matin clair et la bonne journée,
Heurtait, joyeux d'être sonore en l'air léger !

Le vase naissait dans la pierre façonnée.
Svelte et pur il avait grandi
Informe encor en sa sveltesse,
Et j'attendis,
Les mains oisives et inquiètes,
Pendant des jours, tournant la tête

A gauche, à droite, au moindre bruit,
Sans plus polir la panse ou lever le marteau.
L'eau
Coulait de la fontaine comme haletante.
Dans le silence
J'entendais, un à un, aux arbres du verger,
Les fruits tomber de branche en branche ;
Je respirais un parfum messager
De fleurs lointaines sur le vent ;
Souvent,
Je croyais qu'on avait parlé bas,
Et, un jour que je rêvais — ne dormant pas —
J'entendis par delà les prés et la rivière
Chanter des flûtes...

Un jour, encor,
Entre les feuilles d'ocre et d'or
Du bois, je vis, avec ses jambes de poil jaune,
Danser un faune ;
Je l'aperçus aussi, une autre fois,
Sortir du bois
Le long de la route et s'asseoir sur une borne
Pour prendre un papillon à l'une de ses cornes.

Une autre fois,
Un centaure passa la rivière à la nage ;
L'eau ruisselait sur sa peau d'homme et son pelage ;

Il s'avança de quelques pas dans les roseaux,
Flaira le vent, hennit, repassa l'eau ;
Le lendemain, j'ai vu l'ongle de ses sabots
Marqué dans l'herbe...

Des femmes nues
Passèrent en portant des paniers et des gerbes,
Très loin, tout au bout de la plaine.
Un matin, j'en trouvai trois à la fontaine
Dont l'une me parla. Elle était nue.
Elle me dit : Sculpte la pierre
Selon la forme de mon corps en tes pensées,
Et fais sourire au bloc ma face claire ;
Écoute autour de toi les heures dansées
Par mes sœurs dont la ronde se renoue,
Entrelacée,
Et tourne et chante et se dénoue.

Et je sentis sa bouche tiède sur ma joue.

Alors le verger vaste et le bois et la plaine
Tressaillirent d'un bruit étrange, et la fontaine
Coula plus vive avec un rire dans ses eaux ;
Les trois Nymphes debout auprès des trois roseaux
Se prirent par la main et dansèrent ; du bois
Les faunes roux sortaient par troupes, et des **voix**,

Chantèrent par delà les arbres du verger
Avec des flûtes en éveil dans l'air léger.
La terre retentit du galop des centaures ;
Il en venait du fond de l'horizon sonore,
Et l'on voyait, assis sur la croupe qui rue,
Tenant des thyrses tors et des outres ventrues,
Des satyres boiteux piqués par des abeilles,
Et les bouches de crin et les lèvres vermeilles
Se baisaient, et la ronde immense et frénétique,
Sabots lourds, pieds légers, toisons, croupes, tuniques,
Tournait éperdument autour de moi qui, grave,
Au passage, sculptais aux flancs gonflés du vase
Le tourbillonnement des forces de la vie.

Du parfum exhalé de la terre mûrie
Une ivresse montait à travers mes pensées,
Et dans l'odeur des fruits et des grappes pressées,
Dans le choc des sabots et le heurt des talons,
En de fauves odeurs de boucs et d'étalons,
Sous le vent de la ronde et la grêle des rires,
Au marbre je taillais ce que j'entendais bruire ;
Et parmi la chair chaude et les effluves tièdes,
Hennissement du mufle ou murmure des lèvres,
Je sentais sur mes mains, amoureux ou farouches,
Des souffles de naseaux ou des baisers de bouches.

Le crépuscule vint et je tournai la tête.

Mon ivresse était morte avec la tâche faite ;
Et sur son socle enfin, du pied jusques aux anses,
Le grand Vase se dressait nu dans le silence,
Et, sculptée en spirale à son marbre vivant,
La ronde dispersée et dont un faible vent
Apportait dans l'écho la rumeur disparue,
Tournait avec ses boucs, ses dieux, ses femmes nues,
Ses centaures cabrés et ses faunes adroits,
Silencieusement autour de la paroi,
Tandis que, seul, parmi, à jamais, la nuit sombre,
Je maudissais l'aurore et je pleurais vers l'ombre.

Va-t'en, Muse ! recule et retire ta main,
Car le cheval nourri de lauriers et de grain
Refuse et se dérobe à ta chère caresse
Qui flatte ses naseaux humides et qui tresse
Sa crinière docile où tu nattes des roses.
Le monstre ailé velu d'or pâle et d'argent rose
S'est cabré tout à coup et son sabot d'agate
A déchiré le bas de ta robe écarlate,
Et vers l'aube indécise où l'aurore sourit
Il part, laissant les douces mains qui l'ont nourri
Et le pré bleu semé d'iris et d'asphodèles
Où les neuf Muses Sœurs le faisaient auprès d'elles
Brouter le laurier dur et paître l'orge neuve.
Il est parti ! Le sable et les roseaux du fleuve
Garderont à jamais sur la tige et la vase
La brisure et le sceau de ton sabot, Pégase !
Le berger de la plaine et le pâtre du mont
Ont tressailli de voir à l'éclair de ses bonds
Fuir l'échine du roc et le ventre des pierres
Et, sans avoir le temps de fermer les paupières,

*Les vendangeurs du tertre et les faucheurs du val
Ont vu, mystérieusement, le grand cheval
A leurs yeux éblouis cabrer son dos ailé.
Aurore, tu le vis, et toi, ciel étoilé !
S'effarant dans l'azur et hennissant dans l'ombre,
Emplissant de son cri toute la forêt sombre,
Et farouche, rué au galop vers la mer,
Brusquement, s'arrêter au bord du sable clair
Où le flot déferlé cabre aussi son écume ;
Et, tremblant, immobile en son poil d'or qui fume,
Éclaboussé d'embrun et roux de sueur âcre,
Éventer doucement de ses ailes de nacre
Que l'âpre vent marin gonfle de son haleine
L'Enfant né de la Mer et des vertes Sirènes.*

L'OBOLE

Toi qui es un Vivant et moi qui suis une Ombre,
Parlons-nous d'un bord à l'autre du fleuve sombre
Dont l'onde coule encore entre nos Destinées,
Et dis-moi, ce printemps, si les brises sont nées,
Si le noir cep toujours porte la grappe lourde,
Si le vin frais à l'outre est tiède dans la gourde,
Et si les rauques paons et si les coqs sonores
Chantent au crépuscule et chantent à l'aurore,
Si l'abeille bourdonne et si le cygne est blanc,
Si le ciel, chaque soir, s'étoile, si le vent
Penche l'arbre qu'il tord et courbe les blés longs,
S'il est tantôt zéphyre et tantôt aquilon,
Brusque ou sournois, âpre ou léger, tendre ou farouche,
Mystérieux, soufflant sa force à pleine bouche
Ou faible et caressant, trop bas pour que l'entende,
Le brin d'herbe qui plie ou la feuille qui tremble ;
Dis-nous, versent-elles encore, nos fontaines,
Dans leurs bassins rompus leurs vasques encor pleines ?

Le fruit à l'espalier mûrit-il chaque automne?
L'année alternative, égale et monotone,
Fait-elle rire Avril à l'écho et répondre
A sa voix claire Août qui sommeille sous l'ombre
Des arbres hauts d'où tomberont les feuilles mortes?
Entend-on les rouets ronfler au seuil des portes
Et les flûtes chanter au delà de la haie,
Si douces que leur chant, heure par heure, égaie
Le jour clair qui se lève et le soir las qui tombe?
Dis-moi les sources, les vergers et les colombes
Et l'Amour au-devant des heures bienvenues
Qui fait rire au miroir les femmes pour lui nues;
Dis-moi les doubles seins et les bouches et toutes
Les choses qui jadis, là-bas, me furent douces.
La chevelure, nuit et soleil! et les hanches
Sœurs des lyres d'argent et des amphores blanches,
Toute la Vie éparse et toute la Beauté
Avec les Dieux debout, beaux en leur nudité.
Mais je crains, Voyageur, hélas! qui viens de vivre
Et qui restes ainsi sur la suprême rive,
Taciturne et tenant, pour obole, à la main,
Un caillou ramassé aux pierres du chemin,
Que tu ne saches, à te voir muet et nu,
Rien de ce qu'en mes jours terrestres j'ai connu,
Et que pour toi l'aurore ait été sans oiseaux
Et la treille sans grappe et l'onde sans roseaux,

La lèvre sans sourire, et sans baisers la bouche,
Puisque, sur l'eau funèbre où déjà ton pied touche,
Tu n'as, pour obtenir ton passage vers l'Ombre
Qui te parle de l'autre bord du fleuve sombre,
Ni l'obole où s'incruste à jamais dans l'airain
L'effigie aux yeux clos de quelque grand Destin,
Ou pour fléchir Caron qu'il te faudra prier,
Ni la divine fleur ni le divin laurier.

L'ILE

La terre est douce autour de la montagne haute.
Les chardons de la grève et l'écume des côtes
Échangent leurs flocons de bourre et de marée ;
Le soc luit au sillon et la barque est ancrée,
Le blé déferle à la vague qui se recourbe,
Et le filet déborde et la corbeille est lourde ;
La châtaigne est pareille aux pointes de l'oursin,
Et l'algue chevelue oscille entre des mains
Invisibles qui la déroulent et la peignent ;
Et, dans l'eau fabuleuse et glauque où tu te baignes,
Une sirène bleue émerge du flot vert ;
Et, dans la conque où chante au loin toute la mer,
J'entends, rumeur de houle et rumeur de labour,
La voix mystérieuse et double de l'Amour.

LES SOUHAITS

Nous allons tous les deux par des routes amies
Rejoindre lentement les Ombres endormies
Qui nous ont précédés dans l'aurore ou le soir ;
Tu portes la colombe et moi le hibou noir,
Moi la flûte d'argent et toi la flûte d'or,
Et je souris déjà lorsque tu ris encor,
Et, pas à pas, et côte à côte, nous mêlons
La trace, tour à tour, de nos doubles talons
Sur le sable qui cède et la terre qui croule.
L'oiseau noir se lamente et l'oiseau blanc roucoule ;
La fontaine où j'ai bu redevient ton miroir,
Et l'Amour à jamais entre nous vient s'asseoir
Et j'embrasse sa lèvre et tu baises sa bouche.
Le vent passe et frissonne entre les plumes douces
De son aile étoilée et de son aile obscure ;
Mais par le chemin clair ou par la route dure
Il nous mène tous deux, par la main, vers le Temps
Qui fane les étés et vieillit les printemps ;

Et l'Amour qui nous rit jadis sourit encor
A la flûte d'argent comme à la flûte d'or,
Et rien n'empêchera la fontaine fidèle
De mirer, quand nos soirs se pencheront sur elle,
Parmi ses feuilles d'or et ses feuilles d'argent,
Et dans son onde en pleurs que ridera le vent
Mystérieux et doux des automnes jaunies,
Un laurier toujours vert à nos tempes blanchies.

LE VISITEUR

La maison calme avec la clef à la serrure,
La table où les fruits doux et la coupe d'eau pure
Se miraient, côte à côte, en l'ébène profond ;
Les deux chemins qui vont tous deux vers l'horizon
Des collines derrière qui l'on sait la Mer,
Et tout ce qui m'a fait le rire simple et clair
De ceux qui n'ont jamais désiré d'autres choses
Qu'une fontaine bleue entre de hautes roses,
Qu'une grappe à leur vigne et qu'un soir à leur vie
Avec un peu de joie et de mélancolie
Et des jours ressemblant, heure à heure, à leurs jours ;
J'ai compris tout cela quand je t'ai vu, Amour,
Entrer dans ma maison où t'attendait mon âme,
Et mordre les fruits mûrs de ta bouche de femme,
Et boire l'eau limpide, et t'asseoir, et ployer
Ta grande aile divine aux pierres du foyer.

FONTAINES DIVINES

Conserve, en souvenir des divines fontaines,
Ce vase de cristal pareil à leurs eaux vaines
Où ta bouche jadis a bu gourmande ou chaste :
Aréthuse mêlant son onde à la mer vaste,
Léthé qui fait dormir et qui donne l'oubli,
Celle qui souriait à Narcisse pâli,
Hippocrène jaillie au fabuleux sabot,
Et les autres, parmi les blés ou les roseaux,
Qui, mélodieuses et pures et glacées,
Chantent à travers l'ombre au fond de tes pensées !
La source se tarit et le roseau s'incline ;
Conserve, en souvenir des fontaines divines,
Ce vase de cristal d'où toute l'onde a fui,
Et tu verras encor s'épanouir en lui,
Fleur à fleur, le bouquet, mystérieusement,
Que viendront, chaque jour, une à une, à pas lents,

En silence, y placer les invisibles Heures,
Filles du temps qui passe et de l'oubli qui pleure,
Et dont chacune, tour à tour, en tes pensées,
Frôlant le pavé nu de ses ailes lassées
Et portant à la main une fleur bleue ou noire,
Viendra parfumer l'ombre et fleurir ta mémoire.

LE TEMPS

Le Temps aux ongles durs décharne la beauté,
La bouche en se taisant, lasse d'avoir chanté,
Garde au coin de son pli la ride de son rire ;
Le sang caille sa pourpre aux veines du porphyre,
Et le jour devient cendre et le ciel devient marbre ;
La Dryade se tord au tronc noueux de l'arbre ;
La voix claire survit sournoise dans l'écho ;
L'amphore se fait urne et la maison tombeau,
Et l'âme en pleurs s'enfuit sans cesse dans le vent,
Et de ta chair et de ton rire et de ton sang
Et du songe léger que fut ta vie éclose
S'envole une colombe et s'effeuille une rose

LE BERCEAU

Je ne t'enverrai pas, mon fils, dans ton berceau,
Pour que tes jeunes doigts rompent leurs nœuds jumeaux,
Les deux serpents, tous deux nés de l'œuf du Destin,
Ni pour tenter, enfant, la force de ta main,
Ni pour voir s'enrouler à tes bras endormis
Les écailles d'or clair des monstres ennemis
Dont ton réveil rieur eût déjoué la dent ;
Non ! mais je placerai à ton chevet prudent,
Avec la talonnière et avec la cibise,
Le subtil Caducée où leur ruse s'est prise
Au thyrse où s'enroula leur double corps flexible,
Car tu ne seras pas Hercule, ayant pour cible
Les oiseaux du Stymphale ou la laie au dur crin,
Et je veux que ta vie, enfant, et ton destin
Soient voués au cher dieu que coiffe le pétase ;
Que pour toi l'outre s'enfle et l'amphore s'évase
Et que, par les chemins, sous tes pas sans cailloux,
Naisse la douce fleur et tombe le fruit doux,

Et que, le soir, au coin de la forêt, dans l'ombre,
Tu t'endormes, non pas au pied du chêne sombre,
Mais sous le bouleau blanc et le blanc peuplier.
Et que, lorsqu'à l'autel ton genou doit plier,
Tu invoques, versant le cratère d'eau pure,
Non l'Hercule hardi, mais le subtil Mercure.

LE DÉPART

Nous partirons. Voici l'aurore, et le vent pâle
De l'aube a ridé l'herbe aux jointures des dalles
Où, sur la pierre en feu, gratte et piaffe au dehors
Le dur sabot de fer auprès du sabot d'or,
Car mon cheval est lourd et le tien est ailé
Peut-être, et les dieux bons, en secret, ont mêlé
Un destin de déesse à mon sort de mortel.
Partons. Le fruit coupé jute encor sur l'autel ;
L'encens fume à travers les guirlandes encore
Quittons le seuil enfin que la porte va clore ;
Les chiens de porte en porte aboieront sur nos pas,
Car dans la vie immense on ne nous connaît pas.
Vers quel soir, heure à heure, allons-nous à jamais ?
Le laurier croît, hélas ! à l'ombre du cyprès.
La route où l'on s'en va ramène d'où l'on vient.
Reverrons-nous encor cet enclos ancien
Et ses murs blancs et les fenêtres où se pose
Jusqu'aux vitres en feu la bouche en sang des roses,

Et l'âtre où, dans l'espoir de la dernière nuit,
La cendre tiède qui d'hier fait aujourd'hui
A réchauffé l'adieu de nos deux mains tendues ?
Reverrons-nous, un jour, au bout de l'avenue,
Le clair verger, le doux jardin, les treilles mûres,
La corde au puits qui grince et les clefs aux serrures
Et les bassins, les grands bassins graves où j'ai,
Don propitiatoire, en partant, égorgé
Et, goutte à goutte, vu, sur le marbre de l'eau,
Le cou du cygne blanc saigner sous le couteau ?

LA MAISON

La maison sur les eaux, pour s'y mirer, se penche,
Elle est fleurie; elle est fragile et toute blanche
Sous la vigne obstinée et le lierre fidèle.
Le ciel est beau; les fleurs sont douces; l'hirondelle
Noue et dénoue autour son vol qui s'enchevêtre,
Et dans l'eau singulière on la voit apparaître
Au miroir assombri que sa gaîté traverse,
Chauve-souris soudain d'un crépuscule inverse,
Avec la maison pâle et le ciel terne et sombre;
Et les deux cygnes blancs au-dessus de leur ombre
Qui se reflète noire et ne les quitte plus,
Mystérieux jumeaux l'un à l'autre apparus,
Semblent, doubles sur l'onde où leur spectre les suit,
Unir l'heure du jour à l'heure de la nuit.

JOUR D'AUTOMNE

Viens ! c'est encore un Jour qui rôde par la vie
Avec sa robe lente et sa face pâlie,
Avec pour voix l'écho qui emprunte aux fontaines
Des rires dans le vent et des larmes lointaines...
Il rôde, mauve et rose, et un doigt sur sa bouche.
Viens ! c'est encore un jour dont l'aurore fut douce
Et dont le crépuscule accoude avec son ombre
Sa stature de rêve et sa forme de songe
Sur la rampe de marbre autour d'une eau qui dort
En ses feuilles de bronze et en ses feuilles d'or !
Viens ! c'est encore un jour et nous l'avons vécu
Heure à heure avec lui, et le soir l'a fait nu,
Debout avec sa face grave qui larmoie
D'avoir été l'amour, d'avoir été la joie
Et se recule peu à peu dans le passé ;
Et la voix qui s'est tue et le pas effacé
S'enfoncent, côte à côte, au fond de la mémoire,
Parmi les feuilles d'or qui sombrent dans l'eau noire.

LE REVENANT

Regarde vers l'aurore et regarde vers l'ombre.
Avec sa face claire, avec sa face sombre,
Le Jour énigmatique et double, tour à tour,
Sanglote vers la Mort et sourit à l'Amour ;
Le crépuscule saigne et l'aurore rougeoie ;
La Tristesse se tient debout devant la Joie ;
Quelqu'un songe tout bas et quelqu'un parle haut
Derrière le silence et derrière l'écho ;
La fontaine qui pleure est une âme qui souffre ;
Au porche le vent qui hurle, gronde et s'engouffre
Passe en tenant quelqu'un dans l'ombre par la main ;
Le fleuve se divise en delta ; le chemin
Bifurque, et sur le sable frais du sentier jaune,
Le dur sabot fourché marque le pas du faune,
Et la brute qu'il est cache un dieu qu'il se croit ;
Le feu sommeille au clair silex du caillou froid ;
Tout est double et toi-même es vivant et fantôme ;
L'épi d'or a fleuri sur la paille du chaume ;

Comment chacun va-t-il s'apparaître au miroir,
Et qui sait si ta voix qui chante dans le soir,
Éloquente et pareille aux grandes voix humaines,
Quand tu auras bu l'eau des funestes fontaines,
Ombre errante en la nuit anxieuse à tes pas !
Frénétique et mystérieuse, ne va pas,
Asservie à jamais au spectre où tu avortes,
Huer de seuils en seuils et de portes en portes ?

EFFIGIES

Le Regret, si longtemps, qui marcha dans ta vie,
Avec ses jours fanés et ses grappes cueillies,
Et que suivaient toujours, pas à pas, en chemin,
Pour le mordre au talon et lui lécher la main
Le lévrier fidèle et la louve méchante,
S'arrête en entendant une flûte qui chante,
Magicienne aux lèvres pâles de la Mort;
Et, pendant qu'il soupire et qu'il écoute encor,
Lui qui jadis vivait de ta chair et qui sent
En ses membres couler la force de ton sang,
Peu à peu se transforme en un marbre muet;
Et, debout, il écoute en l'écho qui se tait
Mystérieusement la flûte qui s'est tue
Et dont le sortilège enfin le fait statue;
Tandis qu'auprès de lui, pris au double métal,
Semblent, consolateur ou bourreau de son mal,
L'un mordant le talon, l'autre léchant la main,
Gronder le chien de bronze et la louve d'airain.

LE COMBAT

Si ta galère haute au sable de la grève,
Lasse du long voyage ou de la course brève
De ses voiles en ailes sur les prés de l'eau,
Enfonce l'éperon de son dur bec d'oiseau
Et crispe aux algues d'or les serres de ses rames,
O Voyageur vieilli par l'écume des lames
Qui poudra tes cheveux du sel des flots marins,
De ton pied nu posé dans l'île aux cent chemins
Fouleras-tu les fleurs, heurteras-tu les pierres?
Est-ce le marais morne ou la fontaine claire
Qui t'attire par son silence de miroir
Ou sa chanson qui rit en larmes dans le soir?
Iras-tu, pas à pas, avec tes mains prudentes,
Visiter la maison et rallumer la lampe
Et grave, heure par heure, y attendre le jour
Ou, tragique, enivré du péril où tu cours,
Vers la grotte funeste et l'antre monstrueux,
Dans l'ombre formidable où tu hurles comme eux,

Belluaire divin et fabuleux bourreau,
Tordre la double corne au front du noir taureau ?

LA LAMPE

Printemps clair, j'ai chanté tes flûtes! Grasse Automne,
J'ai pétri de mon poing la grappe dans la tonne!
Qu'Avril rie à jamais de son rire divin,
Que Septembre, rougi de pampres et de vin,
Las du thyrse qui tremble et de l'outre qui pèse,
Silencieux s'endorme ou anxieux se taise
Derrière les cyprès ou derrière l'écho,
Que l'aurore ait passé de qui le soir fut beau
Et qu'une autre vendange enfle l'amphore neuve,
Et que les cygnes noirs s'abattent sur le fleuve
D'où s'envolaient jadis, là-bas, les cygnes blancs,
Que la forêt plus vaste ouvre à mes pas plus lents
Des sentiers plus étroits et des grottes plus sombres,
En marcherai-je moins parmi les douces Ombres
Que la Jeunesse en pleurs envoie à mon côté?
A la flûte divine où jadis j'ai chanté
Je poserai ma lèvre et j'essaierai encore
La trille ingénieux et la gamme sonore,

Et je veux, sur ma table où les fruits sont amers,
Pour rendre l'aube morne égale aux matins clairs,
Joindre, ouvrage plus gourd de ma main moins agile,
A la lampe d'argent une lampe d'argile.

AUBE

Sur le cyprès, le cèdre et sur l'eau noire et verte,
Laisse, avec la clef d'or à la porte entr'ouverte,
Les cygnes endormis, les paons et les colombes ;
Écoute, pleur à pleur, l'heure grave qui tombe
Et qui s'égoutte lente ou s'écoule rapide,
Cendre du sablier, larme de la clepsydre ;
Et marche doucement sans réveiller l'écho ;
Laisse les cygnes blancs dormir doubles sur l'eau
Avec leur col neigeux ployé sous l'aile tiède,
En silence, et les paons sur les branches du cèdre
Et la colombe douce aux pointes des cyprès,
Et pars ! tout est muet encor, mais l'air plus frais
De la nuit, peu à peu, frissonne à l'aube proche ;
Laisse la bêche et le râteau, laisse la pioche
Et prends la faulx qui luit en aile d'acier clair,
Et pousse le verrou de la porte de fer,
Et sors vers l'aube pâle et marche vers l'aurore.

La pierre du chemin fera ton pas sonore
Et, sous ton manteau noir qui le cache à demi,
Emporte, loin de l'âtre et du seuil endormi,
Vers le soleil farouche et vers le jour futur,
Avec sa crête rouge, ergot sec et bec dur,
Qui glousse, se rengorge et qui sommeille encor,
Le grand coq d'émail roux au cri de cuivre et d'or !

ÉGLOGUE MARINE

L'HOMME

Puisque le poil d'argent point à ma barbe noire,
Dans l'ombre je m'assieds enfin et je veux boire
A la fontaine fraîche entre les bleus roseaux ;
Puisque le rouet sourd et les minces fuseaux
Ne bourdonneront pas sur mon seuil habité
Ouvert au crépuscule en face de l'été,
Et que nul geste doux et nulle main fidèle
N'effeuillera sur mon tombeau l'humble asphodèle
Ou le lierre noir dont s'enlace le cippe ;
Puisque aucun doigt de femme aux trous de ma tunique
Ne recoudra le fil habile et diligent,
Avec les ciseaux d'or ou l'aiguille d'argent,
Et puisque pour la nuit ma lampe sera vide,
Le sablier muet et sèche la clepsydre,
Je veux m'asseoir, dans l'ombre, en face de la mer,
Et suspendre à l'autel, hélas ! le glaive clair

Dont, jadis, j'ai conduit, hautain sous la cuirasse
Que sangle au torse nu le dur cuir qui le lace,
Pasteur ensanglanté, le troupeau des vivants !
J'ai connu le cri clair des Victoires au vent
Qui, la semelle rouge et les ailes farouches,
Soufflaient aux clairons d'or l'enflure de leurs bouches
Et dont le pied pesait aux paupières fermées ;
Et las du vin tumulte et des fuites d'armées,
Des bannières gonflant leurs plis sur le ciel noir,
Des réveils à l'aurore et des haltes au soir,
De l'orgueil des vaillants et de la peur des lâches
Et des faisceaux haussant le profil de la hache,
Je suis venu m'asseoir auprès de la fontaine
D'où j'entends résonner dans les blés de la plaine
La flûte de bois peint des faunes roux, et vers
La grève qui là-bas se courbe, de la mer,
Gronder dans le ciel rose où s'argente la lune
La conque des Tritons accroupis sur la dune.

LE SATYRE

Homme ! j'entends ta plainte, écoute aussi la mienne.
Vois ! j'ai reçu des mains de la Tritonienne
La flûte merveilleuse et le thyrse enchanté.
La grappe de l'automne et les roses d'été
Ont mélangé leur fard au bistre de ma joue,
Le pampre rouge et vert à mes cornes se noue,

Le désir du baiser fit ma bouche lippue.
En moi le dieu qui rit devient un bouc qui pue
Et ma bouche s'ébrèche et mon rire s'édente ;
L'abeille qui bourdonne en la ruche vivante,
Si j'approche, me pique à son aiguillon d'or ;
La poursuite m'essouffle et la halte m'endort ;
Le lierre m'entrave et la branche m'écarte ;
L'arc se rompt dans ma main sans que la flèche parte
Et le thyrse brandi se brise à mon poing las ;
L'écho qui m'appelait ricane sur mes pas ;
La Dryade s'échappe et la Nymphe s'esquive ;
Le ruisseau vif me raille au rire de l'eau vive
Et les oiseaux moqueurs se posent sur mes cornes
Et ma flûte s'enroue et siffle des airs mornes
Car ses trous sont bouchés et sa tige se fend ;
Mes deux mains, à tâtons, ne prennent que le vent,
Presque aveugle, mes bras, hélas ! ne sont plus faits
Pour étreindre la Nymphe aux creux des roseaux frais
Dormant dans l'eau qui passe ou nue au soleil tiède.
L'âge vient ; le soir tombe et je m'assieds ; je cède
Mon thyrse à plus ardent et ma flûte à plus gai.
Laisse-moi la suspendre en l'ombre, fatigué,
Près de ton glaive tors qui reste dans la gaine ;
Laisse-moi boire l'eau de ta douce fontaine
Et marchons vers la mer où les Tritons divins,
Qui n'ont jamais connu les viandes et les vins,

Sur la grève où gémit le flot intarissable,
Gonflent leurs conques d'or ou dorment sur le sable.

LE TRITON

Homme à la barbe grise et toi, Faune au poil gris,
Pourquoi donc troublez-vous mon sommeil ? Ai-je pris
Une grappe à ta vigne, un fruit à ton verger ?
Pourquoi de son repos venez-vous déranger
Le vieux Triton qui dort et que l'âge ankylose
Couché près de la mer parmi le sable rose ?
Laissez-moi ; d'autres sont, hélas ! ce que nous fûmes,
Torses nus imbriqués d'écailles et d'écumes,
Bras musculeux haussant hors de l'eau qui déferle
La branche de corail et la goutte de perle ;
Jeune comme eux, parmi les grands flots forcenés
J'ai cabré le saut vif des Dauphins talonnés,
Et des algues j'ai fait de longs fouets et des rênes,
Et sur la lame j'ai poursuivi les Sirènes
Émergeant à mi-corps, poissonneuses et nues ;
Mais la vieillesse aussi pour elles est venue,
Sournoise, qu'elle guette, ou brusque, qu'elle assaille ;
Le sourire se clôt et la croupe s'écaille,
La blanche chair se hâle aux morsures du vent ;
L'écume aux cheveux roux mêle des cheveux blancs.
Tout meurt ; l'homme chancelle et gît ; le dieu trébuche.

L'heure, abeille qui sort, rentre guêpe à la ruche ;
Le Satyre s'endort et le Triton s'accoude
Sur le sable où sa main soutient sa tête lourde ;
Une même marée et un même reflux
Emporte ceux qui sont vers ceux qui ne sont plus,
Et le même destin, qu'ils subissent, délie
Le dieu qui l'a créé de l'homme qui l'oublie ;
Le rire en pleurs sanglote et la voix se lamente ;
Mais la Sirène morte est la vague vivante
Qui se gonfle en poitrine et s'échevèle en crins.
Et d'autres reverront les prestiges marins,
Car maintenant j'écoute encor sur le rivage
Sa voix âpre et stridente en les houles du large
Venir avec le vent et les parfums du soir ;
Et pour ne plus l'entendre, en mon vieux désespoir
Qui m'a fixé perclus sur la grève déserte,
Dans ma conque au col teint de nacre rose et verte,
Je souffle éperdument pour étourdir en moi
L'intérieur écho de l'éternelle voix.

SENTENCE

Écoute, sur le seuil qu'un jour fera décombre,
Ceux qui viennent de l'aube et qui parlent dans l'ombre,
Car ils savent la route et la vie est en eux.
Le thyrse sans le pampre est un bâton noueux ;
Le masque aphone rit de sa bouche tordue
Le rire sans écho d'une voix qui s'est tue
Et survit tristement au visage esquivé ;
La pluie a, peu à peu, de ses larmes lavé
La joue et le menton que le cinabre farde ;
Les yeux sont trop ouverts par où nul ne regarde ;
Le Faune disparu laisse un bouc maladroit
Qui l'imite à son tour en se levant tout droit ;
Les Nymphes à jamais pleurent dans les fontaines ;
Le marbre se fait socle et le porphyre gaine
Pour le buste d'airain qui jadis fut de chair ;
Une crinière à chaque vague de la mer

Se gonfle, se hérisse et s'achève en écume ;
Toute torche se meurt en un tison qui fume ;
La Lyre qui se rompt aux portes du tombeau
Redevient les deux cornes torses d'un taureau ;
De l'armure brisée on forge une charrue,
Et l'Amour et la Mort font toute beauté nue ;
L'aube qui monte au jour redescend vers la nuit,
L'écho le moins lointain n'est que l'ombre d'un bruit,
Tu es pour un instant celui qui peut m'entendre,
Et tout, à qui le pèse, a le poids de sa cendre.

ESPOIR

Va ! quelle que soit l'eau où ta bouche s'abreuve,
Onde verte du lac ou flot jaune du fleuve,
Pour ta soif du matin ou pour ta soif du soir,
Bois-y toujours, Enfant audacieux, l'Espoir !
Car la Fortune songe en tes yeux d'ambre et d'or.
Le Bonheur, dans la grotte fraîche où l'ombre dort,
Prend volontiers, selon le désir qui l'assaille,
Tour à tour la figure indolente ou la taille
D'une femme couchée ou d'un homme debout ;
La Tristesse aux yeux creux et la Joie aux yeux doux
Pleure d'être joyeuse ou sourit d'être triste ;
L'instant s'esquive et part ; l'heure nargue et résiste ;
Saisis l'heure aux cheveux et l'instant à la nuque !
Du roseau qui se rompt naît une double flûte ;
Les fruits sont mûrs au bout des branches qui se tordent,
Et l'antre furieux qui bâille et semble mordre
Peut-être cache en lui la fontaine et l'écho ;
L'ombre de la colombe à terre est un corbeau,

Celle du cygne blanc figure un cygne noir;
La fêlure qui raie un cristal de miroir
Est ride à qui s'y voit et plaie à qui s'y penche;
Mais de la nuit d'airain surgit l'aurore blanche.
Espère! Le Bonheur feint de n'être pas lui,
Hier qui pleurait encor va sourire aujourd'hui,
Et sur le piédestal du tombeau taciturne
Une rose renaît à la fente de l'urne.

LES PINS

Les pins chantent, arbre par arbre, et tous ensemble;
C'est toute une forêt qui sanglote et qui tremble,
Tragique, car le vent, ici, vient de la mer;
Sa douceur est terrible et garde un goût amer
Et d'endormir nos soirs il se souvient encore
D'être né du sursaut d'une farouche aurore
Dans l'écume qui bave et la houle et l'embrun;
Et, sous les hauts pins roux qui chantent, un à un,
Ou qui grondent en unissant de cime en cime
Le refrain éternel de leur flot unanime,
Le bonheur qui s'endort et qui ferme les yeux
Croit entendre, en un rêve encore soucieux,
La rancune ancienne et la rauque colère,
Couple hargneux qui hurle et se guette et se flaire,
Passer dans sa mémoire et mordre son sommeil;
Et la joie, au sommet des grands arbres vermeils
Que le soir fait de pourpre et que l'heure ensanglante,
Ressemble à la colombe harmonieuse et lente

Et dont le chant roucoule et se perd et s'éteint
Dans la rouge rumeur que murmurent les pins.

LES OMBRES DES HEURES

Viens! la douceur de vivre éclôt dans nos pensées
Et les Ombres avec les Heures sont passées,
Une à une, portant à leurs mains, une à une,
L'argent clair de la coupe et l'argile de l'urne
Avec des palmes d'or, avec des grappes d'ambre,
Et celle-ci traînant, qui résiste et se cambre,
Par les cornes, un grand bouc noir barbu de roux
Qui mord un bouquet vert de ciguë et de houx,
Et celle-là passant le long de la colline
Et près du lac, parmi le cortège des cygnes,
Et celle qui riait et celle qui pleurait,
Et celle qui semblait sortir de la forêt,
Et l'autre qui semblait s'en aller vers la mer;
Et toutes, tour à tour, sur l'Orient plus clair,
Avec la coupe, avec le bouc et avec l'urne
Et les palmes et les grappes et une à une
Disparaissaient, laissant, lentes dans nos pensées,
Le sourire en passant de leurs bouches lassées.

L'AMOUR MORDU

L'Amour silencieux est plus haut que les roses
Qui, grimpantes, autour du socle, sont écloses,
Ivres de clair soleil ou tendres ou farouches,
Mystérieusement belles comme des bouches
Qui s'empourprent et qui embaument et qui saignent !
Mais, tout en écoutant chanter l'onde aux fontaines,
L'Amour, debout au blanc marbre de sa statue
Svelte parmi les fleurs où elle est toute nue,
Pose son doigt d'enfant sur ses lèvres de femme.
La colombe gémit ; le paon roue ; un cerf brame ;
L'automne effeuille en or le bosquet qui fut vert ;
Le vent pleure ; le jet d'eau gèle ; c'est l'hiver.
La rose s'est fanée et le marbre divin
Déguirlandé des fleurs qui le liaient en vain,
Anxieux au vent froid où sa beauté se gerce,
Sous la pluie indolente ou la cruelle averse,
Sent le lierre velu qui monte au piédestal,
Sinueux et dardant ses langues de métal,

Serpent multiplié dont les nœuds l'étreindront,
Enlacer sa cheville et le mordre au talon.

L'AUGURE

J'annonce à ton Destin ses heures par la bouche
De la flûte légère et du clairon farouche.
Que le laurier se tresse en couronne d'airain,
Que la Gorgone en pleurs gonfle à ton gorgerin
Son rire d'épouvante avec sa chevelure
De serpents verts taillés dans l'émeraude dure,
Que l'une de tes mains, à ta droite, balance
D'un geste lent la fleur guerrière de la lance,
Que ta sandale chausse à ton pied meurtrier
La semelle de cuir du jeune chevrier
Qui garde ses troupeaux et souffle dans sa flûte,
Car la Sagesse est d'être simple et d'être auguste,
Altière dans l'aurore et douce dans le soir,
Et de répandre l'eau limpide ou le sang noir
Et de joindre la bure fruste au clair métal
Et le glaive tragique au bâton pastoral
Et de mêler, sur le chemin des destinées,
Dans la poudre du temps où pleuvent les années

Et sous le fouet qui cingle et la lance qui perce,
Rouges sous le soleil ou grises sous l'averse,
Guerrière qui les hâte ou berger qui les suit,
Aux croupes des chevaux en fuite vers la nuit
Le long piétinement, au loin multiplié,
Des dolentes brebis, des boucs et des béliers.

L'EXILÉ

On a banni mon corps et je bannis ma cendre.
La marche se descelle où mon pas va descendre
Vers les jardins en fleurs que je ne verrai plus.
La route blanche entre les blés et les talus
Montre à mon sort errant le poteau et la borne ;
Le carrefour s'étoile à l'horizon plus morne ;
La rivière me pleure, au vent, de ses roseaux,
L'étang bleu me regarde au miroir de ses eaux
Et l'espalier me tend les bras et me regarde
Aussi de ses fruits mûrs et que l'automne farde ;
L'arbre se penche, hélas ! et me touche la main
Pour m'offrir tristement le bâton du chemin ;
Et la besace bâille et la gourde sanglote ;
La sandale m'étreint déjà ; le manteau flotte
A tous les vents épars de l'aurore et du soir ;
La mousse vient au banc où j'aimais à m'asseoir,
Le loquet est rétif et la porte est méchante ;
La colombe s'envole et le coq jaune chante,

Et, dans le bassin clair de la fontaine en pleurs,
J'ai jeté la clef d'or et les dernières fleurs
Et, vers le pays sombre ou s'en va toute chose,
J'emporte pour qu'un jour, à jamais, y repose
Ma cendre, fleur de l'ombre et fruit du noir été,
L'urne d'argile brune où le lierre est sculpté.

L'OFFRANDE

La maison reste blanche entre ses noirs lauriers ;
La pêche gonfle encor sa gorge aux espaliers
Et la grappe mûrit parmi les pampres verts
Et le soleil couchant, par les volets ouverts,
Jaunit le mur de stuc et le pavé de brique ;
L'assiette d'étain clair près de la lampe unique
Est vide, hélas ! et l'huile à jamais est tarie,
Et, sur la table nue, aucune rêverie,
Ni songe souriant ou fatigue amoureuse,
N'accoudera son geste las, ni, ténébreuse
Et douce par le doux regret d'avoir vécu,
L'Ombre aux chers yeux fermés de celle que tu fus
Enfant, ne reviendra hanter la maison vide ;
Car tu es morte, toi, de ne plus vouloir vivre
Et tes mains en partant, un soir, ont emporté
La coupe pour y boire avec l'eau du Léthé
L'oubli cruel et lent, et tu as pris, ô Sage,
L'obole pour payer le funèbre passage,

Et, pour que la nuit morne et pour que l'ombre noire
Soient douce à ta pensée et douce à ta mémoire,
Tu portes lentement dans l'Érèbe sans aube
Ta plus chère colombe et ta plus belle rose !

MÉDAILLE

La plus belle n'a pas, car vous êtes plus belle,
Ce visage charmant que mon labeur cisèle
Sur la médaille ronde où mes mains ont gravé
Ce que j'ai vu de vous après l'avoir rêvé,
Le profil à jamais de votre haute grâce ;
La guirlande flexible autour de vous enlace
Sa fleur épanouie et sa fleur entr'ouverte ;
On dirait qu'une source claire vous reflète
En son miroir glacé de lune, et l'on peut croire
Que vous apparaissez divine en votre gloire
Parmi le soleil fauve où mon amour vous voit ;
Car pour l'empreindre mieux j'ai frappé par trois fois
Dans un triple métal votre triple effigie,
Or solide, argent dur, bronze, pour que sourie
Trois fois dans le métal qui fixe sa beauté
Le sourire vivant que vous aurez été.

ÉPITAPHE PASTORALE

Il a conduit jadis, sur le chemin qui mène
A la prairie en fleurs où chante une fontaine
Fraîche entre les joncs verts que reflète son eau,
Les grands bœufs indolents et le rude taureau
Qui paissent l'herbe haute et meuglent vers le soir,
Et, par l'âpre sentier que borde le houx noir,
Il a guidé, parmi l'odeur des toisons rousses,
Ses chèvres vives, ses boucs et ses brebis douces
Qui bêlaient en marchant, une à une, à la file,
Patientes comme des âmes qu'on exile.
Le fouet et l'aiguillon, la serpe et la charrue,
Tour à tour, ont durci ses mains pauvres et nues
Que rougissait le sang de la grappe pressée.
Grave et sobre, au milieu des rustiques pensées,
Il a vécu son heure et vieilli solitaire.
Son pas est lourd; son dos se courbe vers la terre;
Il surveille la meule et visite les ruches,
Car sa main s'engourdit et son pied las trébuche,

Et, le soir, il s'assoit aux portes des potiers,
Longuement, il les voit pétrir et manier
L'argile funéraire et cuire l'urne molle
Et bientôt — préparez le bûcher et l'obole ! —
Sa vie ira dormir aux flancs creux que façonne
La main industrieuse à la glaise, et l'automne
Fera ramper son lierre au cippe et l'été d'or
Fendra l'argile rouge où cette cendre dort ;
Et toi qui passeras à l'ombre des cyprès,
Arrête-toi, écoute et t'approche tout près,
Et l'urne s'emplira, sonore à ton oreille,
Comme d'un bruit lointain de feuilles et d'abeilles.

ÉLÉGIE DOUBLE

Ami, le hibou pleure où venait la colombe,
Et ton sang souterrain a fleuri sur ta tombe,
Et mes yeux qui t'ont vu sont las d'avoir pleuré
L'inexorable absence où tu t'es retiré
Loin de mes bras pieux et de ma bouche triste.
Reviens! le doux jardin mystérieux t'invite
Et ton pas sera doux à sa mélancolie ;
Tu viendras, les pieds nus et la face vieillie,
Peut-être, car la route est longue qui ramène
De la rive du Styx à notre humble fontaine
Qui pleure goutte à goutte et rit d'avoir pleuré.

Ta maison te regarde, ami ! j'ai préparé
Sur le plateau d'argent, sur le plateau d'ébène,
La coupe de cristal et la coupe de frêne,
Les figues et le vin, le lait et les olives,
Et j'ai huilé les gonds de la porte d'une huile

Qui la fera s'ouvrir ainsi que pour une ombre;
Mais je prendrai la lampe et par l'escalier sombre
Nous monterons tous deux en nous tenant la main;
Puis, dans la chambre vaste où le songe divin
T'a ramené des bords du royaume oublieux,
Nous nous tiendrons debout, face à face, joyeux
De l'étrange douceur de rejoindre nos lèvres,
O voyageur venu des roseaux de la grève
Que ne réveille pas l'aurore ni le vent!
Je t'ai tant aimé mort que tu seras vivant
Et j'aurai soin, n'ayant plus d'espoir ni d'attente,
De vider la clepsydre et d'éteindre la lampe.

— Laisse brûler la lampe et pleurer la clepsydre
Car le jardin autour de notre maison vide
Se fleurira de jeunes fleurs sans que reviennent
Mes lèvres pour reboire encore à la fontaine;
Les baisers pour jamais meurent avec les bouches.
Laisse la figue mûre et les olives rousses;
Hélas! les fruits sont bons aux lèvres qui sont chair.
Mais j'habite un royaume au delà de la Mer
Ténébreuse, et mon corps est cendre sous le marbre.
Je suis une Ombre, et si mon pas lent se hasarde
Au jardin d'autrefois et dans la maison noire
Où tu m'attends du fond de toute ta mémoire,
Tes chers bras ne pourront étreindre mon fantôme;

Tu pleurerais le souvenir de ma chair d'homme,
A moins que dans ton âme anxieuse et fidèle
Tu m'attendes en rêve à la porte éternelle,
Me regardant venir à travers la nuit sombre,
Et que ton pur amour soit digne de mon ombre.

STÈLE

Le temple croule, pierre à pierre, en l'herbe grasse;
La colonne s'effrite et la frise s'efface,
Et, dans le marbre dur où son choc fut sculpté,
Le combat qui longtemps, corps à corps, a heurté
L'Amazone hardie au Centaure barbu,
Peu à peu, jour à jour, geste à geste, s'est tu
Sous l'usure du vent, de la pluie et de l'ombre...
Mais le Printemps sourit aux fentes du décombre;
L'acanthe voit fleurir la ronce qui la mord;
Sur l'épaule du dieu sans tête, droit encor,
La colombe se perche et l'abeille se pose;
La déesse tombée est au niveau des roses
Qui caressent sa joue et fleurissent sa bouche.
Que la Nymphe marine ou le Triton farouche
Se rouillent au revers de la médaille fruste,
L'été en chante-t-il moins à toutes les flûtes
Des roseaux de l'aurore ou des roseaux du soir ?
La Vie aux mêmes lieux, la même, vient s'asseoir

Toujours belle, et toujours sourit aux mêmes choses,
Et l'Amour vient cueillir ses ronces et ses roses,
Sans savoir que la fleur dont s'embaume sa main
Et que l'épine qui blesse son pas divin,
Toutes deux, tour à tour, teintes d'un double sang,
Sont la chair du Passé et la griffe du Temps !

L'HIVER

Dépose la lanterne et l'épieu du voyage,
Car la pluie au dehors tisse le paysage
De l'enchevêtrement des trames de l'averse ;
Le vent mystérieux, au coin du mur, converse
Avec quelqu'un qui gronde et quelqu'un qui sanglote,
Et l'Hiver aux doigts gourds parle et heurte à la porte
Doucement, et voici qu'il entre dans la chambre,
T'apportant, en ses mains de brouillard et de cendre,
O Voyageur ! — pour te dire de rester là
Loin de la route d'ombre où s'en irait ton pas
Trébucher à l'ornière et buter à la flaque —
Avec ses grains de jade et ses boules de laque,
En un vase d'onyx où leur bouquet s'unit
Le vert gui spongieux et le houx racorni.

LA GROTTE

Jadis, nous étions trois Faunes dans la forêt.
Nos bouches ont mordu les grappes et le lait
Qui comblent la corbeille et caille dans la jatte;
Nos barbes de poil jaune et nos clairs yeux d'agate
Apparaissaient dans l'ombre au détour des sentiers
Et nos dents blanches, aux pommes que vous jetiez,
Filles! en nous fuyant, riaient de votre fuite.
Nous mêlions l'olive à la châtaigne cuite
Et le soleil faisait nos cornes toutes d'or,
Et nos flûtes, parmi les fleurs où elle dort,
Éveillaient au matin la fontaine engourdie.
Nous riions en regardant la parodie
Que font de notre allure et de notre maintien
Les boucs dansant parmi les troupeaux et les chiens
Qui bêlent à la file et jappent vers la lune,
Et les feuilles tombaient des arbres, une à une,
Ou la neige des fleurs embaumait les vergers,
Car Septembre au pas lourd, Avril au pas léger,
Marchent par les chemins de l'An et de la Vie.

Hélas! les Dieux méchants ne sont pas sans envie
Et, des trois Faunes nés de l'antique forêt,
Deux sont morts et tu peux, à travers les cyprès,
Voir au marbre leur buste au-dessus de la gaine
Se dresser, côte à côte, auprès de la fontaine.
Au socle on a sculpté des feuilles et des fruits.
Ils sont là-bas, au bout du sentier que tu suis,
Voyageur, et salue en passant leur mémoire!

Pour moi, j'habite au seuil de cette grotte noire
Et j'ai fui la forêt, la plaine et les jardins,
Le doux soleil, jadis tiède et clair sur mes mains,
La prairie et le foin coupé où l'on se couche,
Silencieux, avec une fleur à la bouche
En regardant passer au ciel bleu les oiseaux;
J'ai fui la source vive et j'ai fui les roseaux
Où je coupais jadis mes flûtes merveilleuses,
Et de toutes, hélas! de qui les tiges creuses
Jasaient de ma gaîté en chantant par ma voix,
Je n'ai gardé que celle-là, et je m'assois,
De l'aube au soir, au seuil de la grotte, et tourné
Vers sa nuit sépulcrale à mon songe obstiné,
J'emplis l'antre, à jamais, de ma plainte éternelle,
Et j'écoute chanter sa ténèbre, et je mêle,
Corbeau noir exilé des divines colombes,
L'écho de ma jeunesse aux échos de son ombre!

LE PASSANT

Tu es belle d'avoir aimé secrètement
— Non comme les mortels qui parlent dans le vent
Et qui passent sans voir et qui n'écoutent pas
L'écho mystérieux qui répond à leurs pas —
Mais, attentive et toute en toi silencieuse,
La terre épanouie et la mer monstrueuse,
Les sillons de la houle et les vagues du blé
Et l'aurore indécise et le soir étoilé
Et le chemin qui fuit le long de l'eau qui passe,
La Vie en pleurs qui rit et s'endort et que lasse
La changeante saison ou le changeant amour
Et l'éternel adieu et l'éternel retour;
Et ta bouche, à jamais souriante, est éclose
D'avoir été pareille au sang fleuri des roses,
Et tu es belle, ô douce Amie aux yeux d'espoir,
De toute ta douceur à jamais et d'avoir
Écouté, lentement, rire dans le bois frais
Une flûte d'argent derrière les cyprès.

Le grand Cheval ailé dormait dans l'ombre bleue.
Parfois, il caressait les herbes, de sa queue
Éparse, et je touchai, lentement, en silence,
Sa croupe nue avec la pointe de ma lance.
Et le monstre couché se leva et hennit
Vers l'orient; et je l'enfourchai et lui dis :
Viens, c'est l'aube déjà et bientôt c'est l'aurore;
Je sais le sentier calme et la route sonore
Où cède l'herbe longue et roule le caillou;
Partons. Le clair soleil séchera ton poil roux;
Je sais la grève, et les chemins, et le bois noir
Et la fontaine fraîche où nous boirons le soir
Et le palais où dans une auge de sardoine
S'amoncellent pour toi l'orge blonde et l'avoine.
Et nous sommes partis, Pégase! mais depuis,
Groupe d'or le matin et bloc d'ombre la nuit,
Obstinés à jamais devant la haute porte
Fermée au pied divin comme à Méduse morte,
En face du ventail d'airain rude et de fer,
De ma lance d'argent et de mon poing de chair

*Je tâche d'ébranler les gonds et les verrous,
Tandis que Toi, saignant du poitrail aux genoux,
T'acharnes du sabot à rompre le battant
Et de l'aube à la nuit, furieux, dans le vent,
Agites, tour à tour, sombres ou embrasées,
Les plumes d'ombre et d'or de tes ailes brisées !*

INSCRIPTIONS
POUR
LES TREIZE PORTES DE LA VILLE

A FERDINAND BRUNETIÈRE

POUR LA PORTE DES PRÊTRESSES

Prêtresses ! relevez au-dessus des genoux
Vos robes d'argent clair que le soir rose et doux
Nuance du reflet de sa plus tiède lune ;
Ceignez vos fronts ; lavez vos mains ; prenez vos urnes
Pleines d'abeilles d'or et de papillons noirs ;
Nouez vos tresses en riant dans le miroir,
Et brisez le cristal qui vous a reflétées
Riantes, dans son eau, lointaines et nattées ;
Puis, deux à deux, sortez dans la nuit qui s'étoile...
Et, si le vent tout bas chuchote dans vos voiles,
En silence marchez par la blancheur des rues
En portant, tour à tour, sur vos épaules nues
L'idole aux yeux de jaspe vert qu'une fois l'an
Vous promenez autour de la ville, à pas lents,
Dans le sommeil en fleurs de la campagne calme.
Buvez à la fontaine où vous cueillez la palme ;
Mais quand vous reviendrez dans l'ombre, gardez bien,
Prêtresses qui veillez aux cailloux du chemin,

De heurter, ne vous courbant pas à son approche,
La déesse de pierre au cintre de mon porche.

POUR LA PORTE DES GUERRIERS

Porte haute! ne crains point l'ombre, laisse ouvert
Ton battant d'airain dur et ton battant de fer.
On a jeté tes clefs au fond de la citerne.
Sois maudite à jamais si la peur te referme;
Et coupe, comme au fil d'un double couperet,
Le poing de toute main qui te refermerait.
Car, sous ta voûte sombre où résonnaient leurs pas.
Des hommes ont passé qui ne reculent pas,
Et la Victoire prompte et haletante encor
Marchait au milieu d'eux, nue en ses ailes d'or,
Et les guidait du geste calme de son glaive ;
Et son ardent baiser en pourpre sur leur lèvre
Saignait, et les clairons aux roses de leurs bouches
Vibraient, rumeur de cuivre et d'abeilles farouches !
Ivre essaim de la guerre aux ruches des armures,
Allez cueillir la mort sur la fleur des chairs mûres,
Et si vous revenez vers la ville natale
Qu'on suive sur mon seuil au marbre de ses dalles,

Quand ils auront passé, Victoire, sous tes ailes,
La marque d'un sang clair à leurs rouges semelles !

POUR LA PORTE DES PASTEURS

Avec l'aube, l'aurore et le premier soleil,
Éleveurs de bétail ou trieurs de méteil,
Vous entrerez, poussant en files devant vous
Les grands bœufs de labour qui bavent sous les jougs,
Le bouc noir qui renifle et l'agneau blanc qui bêle.
Le laboureur répond au bouvier qui le hèle ;
Et les femmes s'en vont, portant sur leurs épaules
Des coqs d'or enfermés en des cages de saule
Et la corbeille ronde où se gonflent les fruits ;
La faux en oscillant heurte le fer qui luit
Des bêches ; l'aiguillon d'épine noire touche
Le foin vert qui se fane entre les dents des fourches ;
Et les gestes sont gourds et les faces sont graves
Et le pied lent se hâte, alerte, ou, las, s'entrave
Scandé selon le pas ou le piétinement ;
Et la voix enrouée est presque un beuglement
Ou, aigre, dans l'air clair, y chevrote, et après
Que, venant du pacage ou venant du guéret,

La horde agreste, lourde, obèse et bestiale
A passé, sabot dur ou talon qui s'étale,
Mufle qui mâche, groin qui lappe, dent qui mange,
Une senteur d'étable ou des odeurs de grange,
De tout ce qui passa végétal et vivant,
Durent dans le matin clair et pur où le vent
Fait, entre les clous d'or de mes battants de chêne,
Trembler des brins de paille ou des flocons de laine.

POUR LA PORTE DES ASTROLOGUES

Si tu veux consulter le destin, pars dès l'aube,
Cache sous ton manteau et cache sous ta robe
Devin, un hibou noir, Sibylle, un hibou blanc ;
Et tous les deux, un jour impair, d'un pas plus lent
Sortez après avoir craché sur un crapaud ;
Jetez des feuilles d'ache et des feuilles d'ormeau,
Toi, dans la source vive, et toi, dans la fontaine ;
Nul présage n'est vain, nulle preuve n'est vaine
Car la rose déjà s'augure à l'églantier.
Le lièvre qui, d'un saut, traverse le sentier,
La corneille qui jase et l'étourneau qui vole,
Le trèfle à quatre brins éclos dans l'herbe molle
Sont des signes certains où vous connaîtrez mieux
L'avenir embusqué, propice ou soucieux,
Au détour de la vie et au coin de la route,
Que si, dans le ciel clair au delà de ma voûte,
Assis, toi sur la borne et toi debout au seuil,
Vous épiiez, pour y prévoir bonheur ou deuil,

Destin prompt, sort aventureux, fortunes lentes,
La pluie au ciel d'été des étoiles filantes.

POUR LA PORTE DES MARCHANDS

Sois béni, noir portail, qu'entrant nous saluâmes !
Les coffres durs pesaient à l'échine des ânes ;
Nous apportions, pour les étaler dans les cours,
Ce qu'on taille la nuit, ce qu'on brode le jour,
La pendeloque claire et l'étoffe tissée.
Le plus vieux d'entre nous tenait un caducée ;
C'était le maître exact des trocs et des échanges,
Et la gourde bossue et les perles étranges
Se mêlaient dans nos mains poudreuses, et chacun,
Pourvoyeur de denrée ou marchand de parfum,
Vidait son étalage et gonflait sa sacoche ;
Car tout acheteur cède au geste qui l'accroche
Par un pan de la robe et le bout du manteau...
Les plus petits grimpaient sur de grands escabeaux,
Et le plus doucereux comme le plus retors,
Le soir, comptait et recomptait sa pile d'or,
En partant, et chacun, pour qu'à l'ombre des haies
Les détrousseurs d'argent qui guettent les monnaies

Ne nous attendent point sur la route déserte,
O porte ! et pour qu'un dieu fasse nos pas alertes,
Chacun, sans regarder celui qui va le suivre,
Cloue à ton seuil de pierre une pièce de cuivre.

POUR LA PORTE DES COMÉDIENNES

Le chariot s'arrête à l'angle de mon mur.
Le soir est beau, le ciel est bleu, les blés sont mûrs ;
La Nymphe tourne et danse autour de la fontaine ;
Le Faune rit ; l'Été mystérieux ramène
A son heure la troupe errante et le vieux char,
Et celles dont le jeu, par le masque et le fard,
Mime sur le tréteau où pose leur pied nu
La fable populaire ou le mythe ingénu
Et l'histoire divine, humaine et monstrueuse,
Qu'au miroir de la source, au fond des grottes creuses,
Avec leurs bonds, avec leurs cris, avec leurs rires,
La Dryade argentine et le jaune Satyre
Reprennent d'âge en âge à l'ombre des grands bois.
Venez ! l'heure est propice et la foule est sans voix,
Et l'attente sourit déjà dans les yeux clairs
Des enfants et des doux vieillards, et, à travers
Ma porte qui, pour vous, s'ouvrira toute grande,
Hospitalière et gaie et lourde de guirlandes,

Je vous vois qui venez, une rose à la main,
Avec vos manteaux clairs et vos visages peints,
Toutes, et souriant, avant d'entrer, chacune
Met le pied sur la borne et lace son cothurne.

POUR LA PORTE DES COURTISANES

Si tu viens, un matin, rejoindre dans les villes
Toutes les douces sœurs frivoles et futiles
Qui vendent leur beauté et donnent leur amour,
Arrête-toi devant ma porte sans retour,
Car ses battants sont faits de vitre reflétante ;
Regarde-toi venir devant toi, toi que tente
Peut-être l'or déjà et le bruit du festin,
Toi qui arrives du vaste pays lointain,
Toi qui souris encor mystérieuse et pure,
Et rousse car l'automne est en ta chevelure,
Et les fruits de l'été à tes seins, et la mousse
Des antres fabuleux éclose à ta peau douce,
Et dans le pli secret de ta plus tiède chair
La forme des coquilles roses de la mer,
Et la beauté de l'aube et de l'ombre, et l'odeur
Des forêts, des jardins, des algues et des fleurs !
Arrête-toi avant d'apporter cette aumône
Ineffable d'être le printemps et l'automne

A ceux qui vivent loin de l'aube et des moissons.
Écoute-moi, tu peux t'en retourner, sinon
Entre, et je m'ouvrirai, joyeuse de te voir
Passer rieuse et double à mon double miroir.

POUR LA PORTE DES VOYAGEURS

Toi qui marchas longtemps dans l'ombre, côté à côte
Avec toi-même, ô cher Voyageur, sois mon hôte!
Assieds-toi sur ma borne et secoue à mon seuil
La poudre de la route où peina ton orgueil
Peut-être, et redeviens celui qui, au départ,
Souriait d'être jeune et croyait partir tard,
Toi qui reviens à l'heure où sortent les colombes!
L'aurore douce aux toits est douce sur les tombes,
Et tout matin est bon à qui vécut les soirs;
Oublie avec la route grise et les bois noirs,
La ronce âpre, l'ortie et les sombres fontaines,
Et la cendre des jours qui coule des mains vaines,
Et le manteau qui fait ployer l'épaule lourde;
Brise l'épieu d'épine et romps aussi la gourde
Ou, plutôt, revenu de l'ombre où d'autres vont,
Donne-leur, à leur tour, la gourde et le bâton
Et salue à jamais ceux qui passent là-bas
Et qui retrouveront la trace de tes pas

Sur le gravier du fleuve et le sable des grèves,
Et que la nuit pour eux en étoiles s'achève
Mystérieuse sur la plaine et sur la mer !
Car c'est déjà le soir, hélas ! quoiqu'il soit clair
Encor et tiède encor d'un peu de crépuscule ;
Et dis adieu du seuil au voyageur crédule
Qui sans craindre le vent et l'ombre et le caillou
Part à l'heure équivoque où pleure le hibou.

POUR LA PORTE DES MENDIANTS

L'âpre bise nous glace et la neige nous gerce,
Notre face ruisselle en larmes sous l'averse,
Car l'automne et l'hiver sont durs au mendiant
Qu'on voit errer sur les routes, apitoyant
En vain celui qui passe et qui hausse l'épaule.
L'hirondelle au vol vif de son aile nous frôle,
Le chien aboie et mord la loque et le jarret;
On a peur de nous rencontrer dans la forêt;
Et cependant nous sommes doux d'avoir souvent
Écouté dans les vieux roseaux pleurer le vent
Et d'avoir vu, hélas! sur le mont et le bois.
Tant d'aurores, hélas! se lever tant de fois
Et tant de lourds soleils s'abîmer dans la mer...
La ronce du chemin est dure à notre chair;
Jamais pour nous, jamais la pierre acariâtre
Ne voulut être seuil, ne voulut se faire âtre,
Car la flamme est de l'or, et nous, nous somme nus;
De tous les malveillants nous sommes malvenus,

Le loquet est rétif et la porte est fermée ;
Et toi, Ville opulente, amoureuse, embaumée,
Qui t'ouvres pour la courtisane et l'astrologue,
Tu gardes clos ton mur, et ta poterne est rogue
Et ton féroce orgueil scelle ta dureté ;
Sois maudite car j'ai, en m'en allant, jeté
Contre le noir battant de ta porte d'airain
L'aumône sans pitié de ton morceau de pain !

POUR LA PORTE NUPTIALE

Voici l'aube. Prends le flambeau de cire peinte
Qui brûla dans la nuit sur notre double étreinte,
Car nous sommes venus hier dans la maison
En cortège et d'après le rite, et le tison
A mis le feu à l'âtre et la flamme au flambeau,
Et le double Avenir, qu'il soit sinistre ou beau,
N'a plus pour nous qu'un sort et qu'une destinée,
Que la ronce serpente où la rose était née,
Que pousse la ciguë où fleurissait la rose !
L'aube grise a glissé par la porte entreclose.
O lève-toi, déjà l'aurore est blanche et pâle,
Mets ta robe de route et ta bague d'opale,
Prends ce flambeau, sortons et, s'il ne fait pas jour
Encor, marchons en nous tenant par la main, pour
Que si ton pas hésite un autre le soutienne ;
Tournons trois fois autour de la vieille fontaine
Où cette Nymphe dort dans l'onde, toute nue ;
Et maintenant puisque la clarté est venue

Plonge dans l'eau la cire inutile. Il fait clair.
Allons vers la forêt ou allons vers la mer.
La porte de la ville ouvre sur le jour pur;
Et, sous son noir portail pavé de marbre dur,
Qu'on entende chanter à l'écho qui l'oublie
Le pas léger de ceux qui partent vers la Vie.

POUR LA PORTE MORTUAIRE

Si tu meurs jeune avec l'aurore à ton chevet
Rose et grise et pareille à ce que tu rêvais
D'un destin nuancé de tristesse et de joie,
Sois heureux ! L'enfant blond et le vieillard qui ploie
Te suivront, pas à pas et la main dans la main,
Quand tu viendras dormir par l'éternel chemin
Dans la terre paisible et sous la blanche tombe
Où sur le marbre pur roucoule une colombe ;
Et, sous la porte haute où s'allonge en chantant
Le cortège fleuri qui fête le printemps
De la Mort apparue au seuil de tes années,
Le tiède vent d'avril aux couronnes fanées
Effeuillera les roses blanches, une à une.
Mais, si ta cendre illustre et mûre enfin pour l'urne
Doit reposer dans l'ombre et la paix et la gloire,
Si tu t'en vas tragique et hautain vers l'histoire
Dans l'éclair de ton glaive et l'écho de ton nom,
Vas-y par quelque soir en sang à l'horizon,

Grande Ombre ! et, vers la nuit, par la porte d'ébène,
Passe, et que l'âpre vent d'un souffle rauque éteigne
Au poing nu des porteurs qu'il courbe sous les porches,
La lueur des flambeaux et la flamme des torches.

POUR LA PORTE DES EXILÉS

Puisque j'ai vu crouler sous la pioche et la hache,
Ma maison vide, au moins que l'herbe haute cache
Sa ruine à jamais et son triste décombre.
De l'homme que j'étais je suis devenu l'ombre,
Et l'injuste Colère et la mauvaise Haine
Me montrent l'âpre exil et la route lointaine
Du double doigt tendu de leurs deux mains crispées,
Et puisqu'on m'interdit la balance et l'épée,
Je prends le bâton noir et la sandale blanche ;
Qu'on ne vienne jamais me tirer par la manche
Ou par le pan usé de mon manteau d'exil.
Dieux cléments, détournez le mal et le péril
De l'ingrate cité qui me mord au jarret !
La ville ne vaut pas la mer et la forêt ;
Et, proscrit vagabond que le vent déracine,
J'aurai l'aube charmante et l'aurore divine
Qui me consoleront de l'ombre où je m'en vais ;
Et, si le sort s'acharne à mon destin mauvais,

Je pourrai, pour ma bouche amère, sèche et lasse
De cette solitude où mon pas se harasse,
Cueillir, sans peur, un soir, la jusquiame velue,
La noire belladone ou la verte ciguë.

POUR LA PORTE SUR LA MER

Moi, le Barreur de poupe et le Veilleur de proue
Qui connus le soufflet des lames sur ma joue,
Le vent s'échevelant au travers de l'écume,
L'eau claire de l'amphore et la cendre de l'urne,
Et, clarté silencieuse ou flamme vermeille,
La torche qui s'embrase et la lampe qui veille,
Le degré du palais et le seuil du décombre
Et l'accueil aux yeux d'aube et l'exil aux yeux d'ombre
Et l'amour qui sourit et l'amour qui sanglote
Et le manteau sans trous que l'âpre vent fait loque
Et le fruit mûr saignant et la tête coupée
Au geste de la serpe ou au vol de l'épée ;
Et, vagabond des vents, des routes et des flots,
De la course marine ou du choc des galops,
Moi qui garde toujours le bruit et la rumeur
De la corne du pâtre et du chant du rameur,
Me voici, revenu des grands pays lointains
De pierre et d'eau, et toujours seul dans mon destin

Et nu, debout encor à l'avant de la proue
Impétueuse qui dans l'écume s'ébroue ;
Et j'entrerai brûlé de soleil et de joie,
Carène qui se cabre et vergue qui s'éploie,
Avec les grands oiseaux d'or pâle et d'argent clair,
J'entrerai par la Porte ouverte sur la Mer !

LA
CORBEILLE DES HEURES

A ANDRÉ GIDE.

LES CORBEILLES

Tresse l'osier au saule et le brin à la branche ;
Écoute l'eau qui fuit où le Temps s'est miré
Et fixe l'anse verte à la corbeille blanche.

C'est le soir. L'ombre est douce au sommeil étiré
De celui qui s'endort paisible dans la joie
D'avoir vécu son jour et d'avoir espéré.

Avec l'osier flexible et le saule qui ploie
Il a fait en chantant de l'aurore à la nuit
Une corbeille ronde où les Heures qu'envoie

L'insatiable Hier au-devant d'Aujourd'hui,
Une à une, pieds nus dans l'herbe qui les frôle,
Apporteront les fleurs qu'elles cueillent pour lui.

L'osier rit dans le vent où s'argente le saule
Et les Heures sont là qui, la main dans la main,
Le regardent dormir, épaule contre épaule.

Puis viendra le réveil et le nouveau matin ;
L'été mystérieux au printemps qui l'appelle
Mêlera sa voix grave à son rire incertain ;

Enfant, tu tresseras la guirlande nouvelle !
Et comme l'orgueil clair dirigera tes doigts
Tu poliras l'argent que le marteau cisèle ;

Las de l'osier et las du saule et las de toi,
Tu voudras au métal qui pèse et qui résiste
Entrelacer les fleurs de tes jours d'autrefois.

Les Heures reviendront lasses et déjà tristes
Et joignant à leurs mains où leur geste les tord
L'opale soucieuse et la pâle améthyste.

Elles, qui de leurs fleurs paraient l'enfant qui dort,
Invisibles jadis et faites de tes songes
T'apportent les fruits faux à qui ta bouche mord ;

Tu verras s'entasser dans l'argent qu'elle ronge,
Avec la poire acide et l'acide citron,
La grappe sans douceur dont la pourpre est mensonge.

Puis les saules d'argent, en pleurs, s'effeuilleront,
L'osier au bord de l'eau gémira dans la vase,
Et les oiseaux d'exil au ciel gris passeront.

Et toi, pour évoquer ton ancienne extase
Et les soleils décrus par delà l'hiver mort,
Tu voudras, près de l'âtre où le sarment s'embrase,

Forger avec tes mains une corbeille d'or ;
Tu la feras plus vaste et la feras plus belle
Que celle d'argent même et d'osier, et, encor

Les Heures reviendront vers toi qui les appelles,
Une à une, à pas lents, en silence et toujours,
Cortège que ta vie eut sans cesse auprès d'elle,

Les Heures de tristesse et les Heures d'amour
Et celles qui jadis jusqu'à toi sont venues
Y reviendront verser la cendre de tes jours...

Tu fermeras les yeux, car elles seront nues.

L'ACCUEIL

Le flot bleu qui se rue et se cabre à la côte
T'apporta, blanche et nue, en ses écumes d'or
Sur la plage saline où gronde la mer haute.

Tes beaux doigts ont saisi les crinières que tord
Le vent marin au col des lames dont la bouche
A bavé hennissante au roc dur qu'elle mord.

Fille du flot profond et de la mer farouche,
Te voici écumeuse et debout et riant
Au monstre paternel qui devant toi se couche.

L'aube pour t'accueillir se lève à l'orient;
La terre en fleurs tressaille et hausse ses corolles
Jusqu'à ta jeune main qui passe en les pliant;

La branche te caresse et te touche l'épaule,
Le caillou se détourne et roule sous tes pas,
Et l'écho t'accompagne et la brise te frôle.

Le Printemps t'a fêtée, ô Divine! et, là-bas,
L'Été silencieux vers qui tu marches nue
Entr'ouvre sa paupière et lève ses yeux las.

Toute la plaine est d'or de t'avoir reconnue;
La houle des blés mûrs s'enfle et déferle au vent
Et la source est joyeuse où ta beauté s'est vue.

Le flexible lierre et le pampre sanglant,
Les plantes de la mer, du fleuve et de la plaine
S'entrelacent autour de ton thyrse indolent.

L'heure semble attentive à ta grâce sereine;
Pose ton pied charmant sur les mousses, et fais
De ta coupe perler l'onde de la fontaine.

Ton geste gracieux l'épanche au gazon frais.
Reste ainsi. Le soleil en sa gloire fleurie
Te sculpte une chair d'or dans un marbre de paix.

Mais regarde, là-bas, venir sur la prairie
Le Crépuscule lent et l'Automne qui tient
Son sceptre rouge où pend une grappe meurtrie.

L'un et l'autre, à leur tour, te prendront par la main;
Ils savent les sentiers de la forêt fatale
Où tes pieds saigneront aux ronces du chemin.

Les fleurs que tu cueillis, pétale par pétale,
S'effeuilleront alors au thyrse dévasté,
Et la pluie et la brume autour de ta chair pâle,

Haletante au vent dur qui gerce ta beauté,
Tisseront lentement leurs voiles où frissonne
Le spectre de ta joie et de ta nudité.

Toi qui fus le Printemps que l'Été d'or couronne,
Tu n'es qu'une ombre errante écoutant, à travers
Les arbres nus, hennir au Temps qui les talonne

L'âpre déferlement des chevaux de la Mer.

ODELETTE I

Un petit roseau m'a suffi
Pour faire frémir l'herbe haute
Et tout le pré
Et les doux saules
Et le ruisseau qui chante aussi ;
Un petit roseau m'a suffi
A faire chanter la forêt.

Ceux qui passent l'ont entendu
Au fond du soir, en leurs pensées,
Dans le silence et dans le vent,
Clair ou perdu,
Proche ou lointain...
Ceux qui passent en leurs pensées
En écoutant, au fond d'eux-mêmes,
L'entendront encore et l'entendent
Toujours qui chante.

Il m'a suffi
De ce petit roseau cueilli,
A la fontaine où vint l'Amour
Mirer, un jour,
Sa face grave
Et qui pleurait,
Pour faire pleurer ceux qui passent
Et trembler l'herbe et frémir l'eau ;
Et j'ai, du souffle d'un roseau,
Fait chanter toute la forêt.

ODELETTE II

Je n'ai rien
Que trois feuilles d'or et qu'un bâton
De hêtre, je n'ai rien
Qu'un peu de terre à mes talons,
Que l'odeur du soir en mes cheveux,
Que le reflet de la mer en mes yeux,
Car j'ai marché par les chemins
De la forêt et de la grève
Et j'ai coupé la branche au hêtre
Et cueilli en passant à l'automne qui dort
Le bouquet des trois feuilles d'or.

Accepte-les; elles sont jaunes et douces
Et veinées
De fils de pourpre;
Elles sentent la gloire et la mort,
Elles tremblèrent au noir vent des destinées;
Tiens-les un peu dans tes mains douces:

Elles sont légères, et pense
A celui qui frappa à ta porte,
Un soir,
Et qui s'est assis en silence
Et qui reprit en s'en allant
Son bâton noir
Et te laissa ces feuilles d'or,
Couleur de soleil et de mort...
Ouvre tes mains, ferme ta porte
Et laisse-les aller au vent
Qui les emporte !

HEURES

Chaque Heure mène derrière elle
L'image naïve, à pas lents,
Loup qui gronde ou agneau qui bêle,
De ses souvenirs noirs ou blancs ;

Bêtes rudes qui l'ont mordue,
Doux compagnons de son chemin
Qui caressèrent la peau nue
De son visage ou de sa main.

Chaque Heure porte vers l'Année
Qui le respire et le lui rend
L'emblème de sa destinée,
Fleur amère ou fruit odorant.

Celle-ci offre une colombe
Et l'autre porte un hibou noir
Et chacune tient, brune ou blonde,
Une corbeille ou un miroir.

La corbeille est d'or ou de branches,
Le miroir est clair ou pâli
Et le visage qui s'y penche
S'y voit la face de l'oubli.

ODELETTE III

Tu frapperas !
La porte est haute sous les roses et le lierre
Aux mille bras
Incrustés dans la vieille pierre
Et se crispant comme la nuit
Qui étreignait de haut en bas
La maison noire et solitaire
Qui maintenant chante et luit
Sous les roses, à l'aube claire.

Je t'attends assis en chantant,
Je t'attends, car c'est le printemps ;
Les vitres pâlissent, et le pavé pâle
S'éclaire et blanchit de dalle en dalle,
Et l'ombre s'accroupit aux angles ;
Entre,
Toi qui à ma porte es venue,
Souriante et nue.

Entre. Veux-tu
T'asseoir à mon foyer pour y filer le chanvre
Au bruit du rouet monotone?
Veux-tu
Attendre ici l'automne?
Veux-tu que je te donne
Le gobelet de hêtre et l'assiette d'étain,
Le fruit, le pain,
Un peu d'eau pure,
Et rester là?
La route est dure.

Mais déjà ton sourire est un baiser... Voilà
Une fleur pour que tu la tiennes
A ta main, et voici une lampe d'or
Et trois opales anciennes;
Voici encor
Une ceinture où pend une clé;
Prends la tunique et les sandales,
Je te les donne.
Tu as la lampe et les opales,
Tu as la clé,
Et maintenant va parmi les hommes!

ODE I

Septembre !
D'entre tes frères, du fond de l'an,
Qui dorment, côte à côte, et attendent,
Visages d'ombre ou profils clairs,
Septembre !
Tu t'es levé, heureux et lent,
D'entre les heures endormies,
Tu t'es levé d'entre tes frères, les mois morts
Qui séjournent et qu'on oublie,
L'un avec sa couronne d'or
Et l'autre son bandeau de feuilles mortes,
Et l'autre avec son sceptre de fer,
Et l'autre avec ses corbeilles,
Et Mai, le blond, qu'en souriant réveille
Avril qui, fleur à fleur, l'enlace de guirlandes ;
Septembre !
Tu t'es levé vers moi qui marchais en pleurant
Le long de l'an.

Les pampres roux saignaient au-dessus de la porte
De ton verger d'arbres et de vignes ;
Les feuilles montraient l'or des fruits ;
Le vent semblait le pas de l'heure qui s'enfuit
Sur les bassins d'argent que son pied égratigne,
Et les Jours, à seaux clairs, puisaient au puits
L'onde du Temps où se miraient leurs faces lentes ;
Et l'on voyait s'épanouir dans le silence
Les palmes des jets d'eau et les cols blancs des cygnes.

Si j'avais su qu'ainsi, au détour de ma vie,
Tu te tenais debout, là-bas,
Au seuil de ton verger de vie,
Sous tes pampres en entrelacs,
Avec tes fruits de pourpre et ta bouche bonne,
O fils calme de mon Automne,
Si j'avais su
Le doux chemin de tes fontaines,
Le doux chemin au bout des haltes de la vie
Si j'avais su !

Je n'aurais pas trempé mes mains
Dans la cendre des crépuscules,
Ni heurté de mon front la porte de l'hiver,
Ni pleuré des soleils trop rouges sur la Mer,
Ni sangloté du chant des flûtes
Qu'Avril rieur gonflait de son souffle nouveau,

Ni compté, or à or, la chute
Des feuilles lentes dans les eaux,
Ni suffoqué de tes soirs chauds,
Été que le Désir baise sur la bouche,
Avec sa bouche
Amère et douce.

Mais j'aurais dit : Septembre, Septembre,
Ta douceur est là-bas qui me sourit dans l'ombre
Et l'Amour sur le seuil avec toi vient m'attendre ;
Je vois votre ombre
Double et charmante et qui s'enlace sous les pampres
Et j'entrerai,
O doux Septembre,
En tes vergers
De cygnes blancs, de fleurs, de fruits et de silence.

ODELETTE IV

Si j'ai parlé
De mon amour, c'est à l'eau lente
Qui m'écoute quand je me penche
Sur elle ; si j'ai parlé
De mon amour, c'est au vent
Qui rit et chuchote entre les branches ;
Si j'ai parlé de mon amour, c'est à l'oiseau
Qui passe et chante
Avec le vent ;
Si j'ai parlé
C'est à l'écho.

Si j'ai aimé de grand amour,
Triste ou joyeux,
Ce sont tes yeux ;
Si j'ai aimé de grand amour,
Ce fut ta bouche grave et douce,
Ce fut ta bouche ;

Si j'ai aimé de grand amour,
Ce furent ta chair tiède et tes mains fraîches.
Et c'est ton ombre que je cherche.

REFRAIN

Douces pensées !
Comme la mer chantait, ce soir-là, sur la grève
Le refrain éternel des Heures brèves ?
Douces pensées,
Pareilles à des algues enlacées,
Algue d'argent souple et bleui,
Algue d'or que le flot verdit,
Double serpent du caducée,
Thyrse d'oubli,
Joie éparse, douleurs passées
En mes pensées.

Celle-là qui sourit est venue,
Sur sa barque de fleurs, qui penche,
Des jours lointains de mon enfance ;
Je l'ai connue
Assise jadis à la porte
De la vieille maison ouverte sur la mer,
Elle m'apporte
Son rire clair...

Le flot roule, parmi les algues,
Des conques d'émail et de nacre ;
On y entend toute sa vie,
On y écoute son passé vivant,
Écume, marée et vent,
Sa joie et sa mélancolie,

Te voici donc, ô Songeuse !
Qui t'accoudes en robe pâle ;
Ta barque pleure,
Lentement, sur la mer étale,
De tous ses avirons qui s'égouttent dans l'eau ;
Je t'entendais jadis du fond des soirs d'ennui
Gémir avec le câble et la mâture
Et les grands et calmes oiseaux
Dont l'aile frôle le silence.
Je t'entends au fond des soirs d'ennui
Pleurer dans l'ombre où l'Heure a fui
Avec les ailes du Silence.

Douces pensées,
Murmure du flot sur la grève,
Remous du sable, frissons d'aile,
Pas lointains et voix lointaines,
Arabesques d'algues enlacées,
Sang terrestre qui, de veine en veine,

Coule au granit et le fait chair,
Douces pensées,
Furtives et vaines,
Qui chantez de nous dans les choses.
Bercez en moi les conques closes,
Où s'endorment mes heures passées ;
Douces pensées !

PASSÉ

Les bons vergers aux pommes mûres,
Les beaux jardins aux fleurs de sang,
Rauque ou joyeuse en ses murmures,
La mer qui monte ou qui descend,

Et les jambes de l'estacade
En marche, noires, sur le flot
Qui gronde au roc ou dort aux rades,
Lèche le sable ou mord l'îlot,

La voile blanche dans l'aurore,
La voile jaune dans le soir,
La proue où le soleil redore
Une sirène à son miroir,

La barque qui sort ou qui rentre,
Le vaisseau qui vire ou qui vient,
Le câble, le filet et l'ancre,
Brise de terre, vent marin !

J'ai vu les riants vergers rouges
Et verts et j'ai cueilli les fleurs
Que le vent âpre fait plus douces
De parfum, d'âme et de couleurs ;

J'ai marché sur la mer immense
Avec les longs jambages noirs
De l'estacade qui s'avance
Au-devant de l'aube et du soir ;

Mon esprit fut la voile agile
Qui penche, s'envole et gémit,
Et mon cœur a dormi dans l'île
Où la sirène avait dormi.

A la grève où le passé chante
Et que fuit, pour y revenir,
La mer, je suis lié par l'ancre
Invisible du souvenir.

ODELETTE V

Crois-tu que l'heure soit plus lente en nos vies
Parce que nous chantons pour ne pas l'entendre
Qui passe avec sa corbeille fleurie,
Rapide ou lente,
Derrière la haie et le mur,
Derrière la saison ou l'année ?
Son ombre est de cendre ou d'azur,
Sa corbeille est fraîche ou fanée,
Elle se dresse haute ou se courbe et sourit
Doucement ou pleure,
Et le temps s'en va, clair ou gris,
Heure par heure...

Tu files ta quenouille ou tu lies
Des guirlandes et des couronnes ;
L'hirondelle gazouille et l'abeille bourdonne,
Un fruit tombe de l'arbre qui plie,

Un épi se courbe, une feuille
Tournoie,
Tu cueilles
Un peu de bonheur, un peu de joie,
Tu prends la tige, elle a la fleur,
Tu prends la fleur, elle s'effeuille;
Tu files et c'est elle qui dépouille
La soie ou l'or de ta quenouille.

Vois! L'Automne tisse ses brumes et ses pluies,
Pluie en soleil, soleil en pleurs.
Regarde à travers ta vie
L'heure qui passe et semble belle;
Elle a de clairs yeux et des ailes,
Elle est faite de tes pensées,
Elle est belle
De tes pensées,
Mystérieuse, douce, et pâle, et souriante,
Car tu ris, tu aimes et tu chantes!

ODELETTE VI

Si tu disais :
Voici l'Automne qui vient et marche
Doucement sur les feuilles sèches,
Écoute le heurt de la hache
Qui, d'arbre en arbre, dans la forêt
Sape et s'ébrèche ;
Regarde aussi sur le marais
Les oiseaux tomber, flèche à flèche,
Les ailes lâches,
Avec des taches
De doux sang frais.

Si tu disais : Voici l'Hiver.
Le soleil saigne sur la mer,
La barque est prise aux glaces du port,
L'âtre fume, le vent halète
Ou ricane, glapit ou guette
Et jappe et mord ;

Le jour finit en soir amer...
Si tu disais : Je suis la douleur et l'hiver ;
Je t'aimerais, mais tu m'as dit en souriant :

Regarde cette aurore à l'orient
Rose et verte sur les prés et l'eau ;
Avril aux doux pieds nus court sur l'herbe qui tremble
Et le Printemps sonore et beau
Tressera tes jours en guirlandes
Et la rose à la rose et la joie à la joie ;
Je suis l'aube qui naît et l'aile qui s'éploie,
Je suis souriante et ma bouche
Est fraîche et douce,
Et je te tends
Mes mains de chair en fleur qu'embaume le Printemps.

ODE II

Les Heures de la Vie chantent et passent
Debout et doubles, en guirlande
De joie ou de tristesse,
Fortes ou lasses,
Et leurs mains tressent
La couronne des jours, un à un, et s'enlacent.
Une, parfois,
D'un geste qui sourit ou d'un geste qui pleure,
Porte à ses lèvres qui les baisent
La fleur de son extase ou la fleur de sa fièvre,
Durable ou brève;
Et toutes chantent
Et passent, par les mains unies.

Ce sont les heures de la Vie.
Les Heures du Passé songent dans l'ombre.
Les diadèmes d'or cerclent leur cheveux sombres;

Leurs robes sont graves de pourpres anciennes ;
Assises dans l'ombre, elles tiennent
De vieux miroirs pâles et ternes
Où elles se mirent longtemps
Et se cherchent toujours et ne se revoient pas.
Parfois, elles parlent tout bas ;
On les entend
Chuchoter comme un bruit de feuilles mortes ;
Elles ont des clefs qui n'ouvrent plus de portes
Elles ont froid comme d'être nues ;
Chacune se sent seule ensemble,
Et la plus vieille boit de sa lèvre qui tremble
Au cristal d'une coupe fendue
Une eau de larmes et de cendre.

Les Heures d'Amour sont jeunes et belles.
Les voici toutes,
Regarde-les !
Que leur importe l'ombre ou les cieux étoilés,
Le doux soleil au fleuve et l'averse à la route,
Les roses d'autrefois, les épines d'alors,
Et les robes de pourpre et les couronnes d'or ?
Que leur importe
Le miroir, la corbeille et la clef et la porte ?
Regarde-les.

Elles sont toutes là, couchées,
Chacune seule en sa pensée,
Aveugles, immobiles et belles ;
Mais l'Amour est au milieu d'elles,
Debout
Et mystérieux, tout à coup,
Dans l'envergure de ses ailes ;
Il chante nu au milieu d'elles,
Et toujours
Chacune en sa pensée entend chanter l'Amour.

ODELETTE VII

Je ne dirai de toi ni chanson
Grave d'amour ou sourde de haine,
Ni ta bouche
Chère à l'amour
Et douce à la haine,
Ni tes seins, ni le frisson
De tes cheveux, ni la fontaine
Où, bouche à bouche,
Tu riais ta douceur à toi-même,
Ni ton nom
A l'écho même.

Les épines percent la haie,
A la fleur survit la baie ;
La terre croule
Le long des talus de la route ;
Il a plu sur l'étang et sur la roseraie...
Le chemin passe entre deux haies,

L'écho bégaie,
Un agneau broute,
Quelqu'un chante en tressant l'osier dans l'oseraie...
Oui, c'est un peu l'automne,
Déjà,
Et rien de plus;
La terre lourde croule aux talus,
Quelqu'un chantonne
En travaillant dans l'oseraie...
Le chemin passe entre deux haies...
Il n'y a rien de plus que cela,
Il n'y a rien d'autre que cela,
Un jour passé et toi, le ciel, la terre, l'eau
Et cette route qui va là,
Et cette berge où je suis là
Auprès de l'eau.

NUIT D'AUTOMNE

Le couchant est si beau, parmi
Les arbres d'or qu'il ensanglante,
Que le jour qui meurt à demi
Retarde sa mort grave et lente.

Le crépuscule sur les roses
Est si pur, si calme et si doux
Que toutes ne se sont pas closes
Et que j'en cueille une pour vous.

Les feuilles chuchotent si bas,
Une à une ou toutes ensemble,
D'arbre en arbre qu'on ne sait pas
Si tu ris ou si le bois tremble.

La rivière coule si douce
Entre les roseaux bleus des prés,
Si douce, si douce, si douce
Qu'on ne sait pas si vous pleurez.

La nuit d'ombre, de soie et d'or
Du fond du silence est venue,
Et l'automne est si tiède encor
Que tu pourras t'endormir nue.

ODE III

Je t'ai connue,
Chère Ombre nue,
Avec tes cheveux lourds de soleil et d'or pâle,
Avec ta bouche de sourire et de chair douce.
Du plus loin de mes jours, là-bas, tu es venue
Au bout des vieux chemins de blés et de mousses,
Le long des prés, au bord du bois,
Alors que je suivais la sente et le ruisseau,
Joyeux du ruisseau clair et de la sente fraîche,
Et qu'à mes mains,
Entre mes doigts,
La fleur cueillie à l'herbe épaisse
Était toute moite de rosée
Et tremblante de l'or d'une abeille posée.
Au temps d'avril où les roseaux
Chantaient d'eux-mêmes,
Auprès des eaux et des fontaines,

Au moindre vent,
Je t'ai connue, assise au porche sur le seuil
De la Vie et du Songe et de l'An,
Jadis, toi qui, du seuil,
Regardais venir l'aube et tressais des couronnes.

*

Je t'ai revue,
Chère Ombre nue,
Avec tes cheveux rouillés d'or roux,
Graves de tout le poids de leur automne;
Le vieux vent d'est pleure dans les haies,
Lourd d'avoir rôdé, l'aile basse;
Le pampre se desserre au tronc qu'il désenlace
Et la terre s'éboule au talus qui l'étaie;
La joie est brève et l'heure passe,
Et chacun marche vers un autre qui recule,
Et la fleur de l'aurore est fruit au crépuscule
Et le fruit d'or du soir est cendre dans la nuit.

Je t'ai revue,
Tu étais nue,
Comme à l'aube où je vins par la route des blés,
Moi qui reviens vers toi par le chemin des chaumes
Avec le soir qui tremble et le pas de l'automne

Aux échos de ma vie où riait le printemps;
Que vas-tu mettre aux mains que le retour te tend?
Car j'ai perdu l'obole et la bague et la clé
Et la couronne en fleurs d'espoir d'où j'ai senti,
Feuille à feuille, tomber la rose et le laurier;
L'opale s'est rompue à l'anneau desserti
Et ma voix de nouveau hésite à te prier,
Car, debout à jamais et le doigt sur la bouche,
Comme pour écouter l'écho du temps qui fuit,
Ton silence obstiné, patient et farouche
Regarde venir l'ombre et pleure vers la nuit.

ODELETTE VIII

La Vie
Avec ses mains de feuilles et ses bras de branches,
Avec ses lèvres de fleurs et de fruits,
Sa peau qui change
De nuée et de ciel, de moires et d'écorce,
Avec ses yeux d'eau qui dort ou luit,
Sournoise ou morte,
Avec sa voix de vent, ses oreilles d'échos,
Sa voix de pluie
Et ses rires d'Avril et ses sommeils d'Août,
Assise dans l'ombre ou debout
Dans l'aube claire,
La Vie est nue.

Et j'ai fermé les yeux et je l'ai entendue
Chanter son chant de jours, de saisons et d'années
Auprès de moi, et je sentais l'averse claire
Ruisseler sur ma joue, et, sous mes pas,
Craquer le chaume sec et les feuilles fanées,

Et là-bas,
Les fruits mûrir et les fleurs éclore
Dans les parfums du soir ou l'odeur des aurores,
Et je l'ai entendue ainsi pleurer ou rire,
Lasse ou sonore,
Triste ou ravie,
Et j'ai fermé les yeux pour écouter la Vie.

ODELETTE IX

Que te dirais-je
Sinon des choses d'hier :
L'ombre, la forêt ou la mer
Et le vent furieux et la pluie et la neige,
Et la ronce griffant la chair,
L'amertume d'avoir été dans le passé
Celui dont se souvient avec sa face morte
La Tristesse debout qui, d'un regard lassé,
Suit, du seuil de la porte,
Sur la route où ses pas s'en vont de pierre en pierre,
Ce passant qui s'assit auprès d'elle en silence
Et qui pleura dans l'ombre en lui baisant les mains ?

Que te dirais-je ?
Avril a fondu la neige ;
Le vent chuchote, hésite et tremble,
Lui qui parlait si haut avec sa voix d'hiver,
Sur le chemin ;
Il y a des barques sur la mer

Et des fleurs au jardin ;
Quelle fleur douce est dans ta main ?
Et te voici debout au seuil et tu souris
Au soir qui m'a mené vers le porche où tu cueilles
La pourpre qui renaît et l'or qui refleurit,
Entre les feuilles,
Sur la tige noueuse où pointe encor l'épine ;
Car du passé saignant sort la rose divine.
Que te dirais-je ?
Laisse-moi me taire tout bas ;
Écoutons s'endormir l'écho mort de mes pas ;
Il me semble que pleure encor une fontaine....
Ne parlons pas !
La grande aile de l'ombre autour de nous s'éploie,
Demain je te dirai le songe de ma joie.

ODE IV

J'ai vu le Printemps nu rire à travers l'avril
Avec un rire
Si doux, si tendre, si puéril
Que l'écho l'a voulu redire
D'arbres en arbres, d'heure en heure et d'aube en aube,
Et chaque rose
S'en est épanouie au faîte du vieux mur
Derrière qui passait avec ce rire pur
Le clair printemps léger de brises en ses ailes
Et s'en allant par le chemin,
Prompt à répondre à qui le hèle
De la voix ou de la main,
Enfant qui chante ou vieillard qui chantonne.
Il portait pour bâton un cep de l'autre automne,
Noueux, mais qu'enguirlande l'an nouveau;
Il allait vers l'étang où près des vertes eaux
Sont les roseaux,

Et, pour bien l'accueillir, j'ai fait, et pour lui plaire,
Du plus vert des roseaux la flûte la plus claire.

*

Été, tu dors. En l'ombre douce à qui est las
Repose, car ta joue est moite sur ton bras,
Et dans la paix en fleurs de l'herbe jaune et verte
Un épi tremble encor à ta main entr'ouverte.
Ta faucille d'acier finira la moisson
Pas à pas, jour par jour, avant qu'à l'horizon
Ce croissant incurvé soit une lune pleine.
Mais le temps passe, vois déjà dans la fontaine
Une feuille séchée et vois la fleur flétrie ;
L'ombre des peupliers tourne sur la prairie ;
La nuit s'achève, et le soleil, Eté qui dors,
De ma flûte d'argent va faire un roseau d'or.

*

J'ai vu l'Automne souriant à travers l'ombre
De son voile de brume et de soie
En robe longue.....
Mains lourdes, pieds saignants, front qui ploie,
Elle marchait le long du mur des treilles hautes,
Et, quand ceux qui cueillaient la grappe
Et les autres

Qui l'entassaient aux corbeilles larges
Ou allaient, deux à deux, en ployant sous la charge,
L'appelaient en passant et lui montraient la grappe,
Elle baissait la tête et ne répondait pas ;
Et, lentement, mystérieuse et souriante,
Demi-morte, demi-vivante,
Et comme toute à quelque songe
Elle levait la main et faisait signe
Vers l'ombre
Et elle allait de vigne en vigne,
De fontaine en fontaine,
Toujours plus grave et plus hautaine,
Écoutant par delà la saison et le soir
La bouche de l'hiver pleurer aux roseaux noirs.

L'INVISIBLE PRÉSENCE

Le temps furtif vient, tourne et rôde
Invisible autour de nos vies
Et l'on entend glisser sa robe
Sur le sable et sur les orties.

Il nous signale sa présence
Minutieuse et souveraine
Par un taret dans la crédence,
Par une moire en la fontaine,

Un craquement, une fêlure.
Rouille qui mord, bloc qui s'effrite,
Doigt qui laisse à la place mûre
L'empreinte où le fruit pourrit vite;

Il ne lui faut pour qu'on l'entende
Passer au fond de nos pensées
Ni la pendule où se distendent
Les aiguilles désenlacées,

Ni l'inflexible voix de bronze
Du campanile ou des horloges,
Ni l'heure qui sonne dans l'ombre,
Ni l'angélus qui sonne à l'aube;

Jamais il n'est plus dans nos vies
Qu'imperceptible et taciturne,
Quand il effeuille en l'eau pâlie
Les pétales du clair de lune.

ODELETTE X

La douceur de l'aube va par les champs
En moutons qui bêlent;
Toutes les brebis sont pareilles,
Un bélier est noir, l'autre blanc,
Et les agneaux et les agnelles
Sont noirs et blancs.
Le chemin est doux entre les haies;
La rivière est douce sous la saulaie;
Les arbres chantent dans la clarté nouvelle,
Ils ont leurs ombres autour d'eux.

Les prés sont bleus,
La paix de midi sommeille sur la prairie
En troupeaux d'or sous le soleil;
L'herbe est mûrie;
La ruche bourdonne d'abeilles,
La grappe est lourde aux treilles
Et les taureaux dorment dans l'herbe,
Signes d'un zodiaque d'or.

L'orgueil du soir est sur la terre,
Les blés sont hauts de paille et lourds d'épis qui tremblent ;
La forêt est lente à se taire.....
Deux cloches,
De l'est à l'ouest, sonnent ensemble,
L'une lointaine, l'autre proche,
Et l'une est grave et l'autre est claire;
Toutes deux sont de métal pur,
Toutes deux sonnent pour l'azur
Et toutes deux sonnent ensemble
L'orgueil de bronze et d'or de la belle journée,
Si belle et si belle qu'il semble
Que nulle fleur, ce soir, ne peut être fanée.

ODELETTE XI

Chante si doucement que j'entende
A travers ta voix d'autres voix,
Sa tendresse sera plus tendre
Si tu cueilles en une branche
Le murmure de tout le bois.

Écoute, cette vague m'apporte
L'écho lointain de toute la mer,
Et sa rumeur profonde et forte
Déferle toute en ce bruit clair ;

Ton pas, sur le seuil de ma porte,
Sandales d'or, talon de fer,
— Que la corbeille que tu portes
Soit de jonc noir ou d'osier vert,
Pleine de fleurs ou de feuilles mortes —
Ton pas sur le seuil de ma porte
C'est la Vie et toute la Vie
Qui entre et marche dans ma vie,

Sandale souple ou talon lourd,
Douce ou farouche,
Et le baiser nu de sa bouche
Est tout l'Amour.

LE FARDEAU

Pose le glaive lourd et la flûte faussée,
Et qu'au thyrse rompu que tu jettes au vent
Le double serpent d'or se noue en caducée.

Assieds-toi. L'heure passe où tu marchas vivant
Vers le rebelle Amour et la Gloire furtive ;
Et la pourpre de l'aube est cendre à son couchant.

Regarde les roseaux trembler sur l'autre rive
Du fleuve où ton retour a lavé ses pieds nus,
Car l'eau coule entre toi et la berge plaintive.

D'autres y cueilleront, qui ne sont pas venus,
L'éloquente syrinx pour éveiller par elle
Un immortel écho qui ne se taira plus.

D'autres aussi viendront vers la gloire cruelle
Avec le glaive haut de leur jeune désir ;
Mais le laurier souvent ombrage l'asphodèle.

Laisse chanter le coq et le cheval hennir,
Roucouler la colombe aux ormes de la route
Et décroître le jour et le soleil mourir.

La Vie est pacifique à qui la vécut toute,
Aube riante, midi d'or et couchant noir,
Blessure qui jaillit ou saigne goutte à goutte.

La Joie et la Tristesse et l'Amour et l'Espoir
Ont fleuri leur guirlande et tressé leur couronne,
Et la flèche a brisé l'eau pure du miroir.

Ton orgueil a cabré au Sort qui l'éperonne
Sa crinière de flamme et son sabot d'airain
Et le seuil s'est ouvert à ton talon qui sonne.

Ta Douleur a tenu des roses dans ses mains
Et ta Joie a pleuré par la ronce et l'épine ;
Ton Espoir s'est perdu de chemins en chemins.

Laisse le glaive lourd et la flûte divine,
Tords l'inutile acier et romps le doux roseau,
Car la lame s'ébrèche et la tige s'incline.

Le crépuscule vient au jour sinistre ou beau ;
Va, dans l'ombre sonore écoute ta pensée
Qui sculpte au souvenir le marbre d'un tombeau.

L'Angoisse est ancienne et ta Vie est passée
Et l'ombre pacifique y noue en souriant
Le double serpent d'or qui rampe au caducée,

Emblème de la paix où tu entres vivant !

L'OFFRANDE

Dans ma corbeille d'or, j'apporte à ta beauté,
Silencieux, avec le geste qui les donne,
La fleur de mon printemps et de mon jeune été.

Si le verger fut prompt, la treille aussi fut bonne;
Regarde dans ma main se gonfler lourdement
La grappe sans défaut qu'y suspendit l'automne.

Mais comme j'ai connu, hélas! non seulement
La saison de la terre et la paix des collines,
Regarde ce que j'ai dans mon panier d'argent :

Voici des varechs verts et des algues salines
Et des conques de nacre où murmure la mer
Avec sa double voix monstrueuse et divine;

Car j'ai connu l'écume éparse au flot amer;
L'âpre vent a battu d'une aile forcenée
Ma face d'ombre grave et mon visage clair;

Aube à aube, jour à jour, année à année,
J'ai cueilli la fleur pâle et la perle et le fruit
Et chaque soir m'a dit qu'une aurore était née.

La Nymphe m'a donné la fleur et m'a conduit
Sur la grève où me tend, hors de l'eau, la Sirène
Le clair corail qui saigne et la perle qui luit.

Car j'ai connu le flot et connu la fontaine,
L'onde douce qui chante aux vasques en tremblant
Et l'eau verte qui bave au roc qui la refrène ;

Et si mon pas hésite et s'attarde plus lent,
C'est que je porte aussi une double corbeille,
L'une tressée en or, l'autre faite d'argent.

Accepte le fruit mûr et penche ton oreille
Sur la conque où gémit le refrain de mes jours,
Tristesse qui s'endort ou douleur qui sommeille ;

Voici la fleur légère et voici le fruit lourd,
Accepte-les de moi pour, hélas ! en apprendre
Mon éternel Espoir en route vers l'Amour.

Au-dessus de ta porte aussi je veux suspendre
La flûte où j'ai chanté la douceur d'un beau soir
Et le sablier vide où j'ai vu l'heure en cendre.

Mon éternel Amour en route vers l'Espoir
Voue à tes douces mains, que la fleur fait divines,
Avec la grappe d'or que mûrit le cep noir,

La faucille terrestre et les rames marines.

POÈMES DIVERS

A PIERRE QUILLARD.

DÉDICACE

Pour que l'aube à jamais soit douce à mes pensées,
Ma jeunesse a suivi tes pas en leurs chemins
Et garde, par delà les aurores passées,
La fleur de ton sourire aux roses du matin.

Pour que l'heure à jamais fût ton heure et la mienne
Dans un seul sablier j'ai mêlé, jour à jour,
Afin que je n'oublie et que tu te souviennes,
La cendre d'or vivant de notre double amour.

Pour que les soirs soient doux à jamais en nos soirs
J'ai marché près de toi quand le bois s'est fait sombre,
Et ta bouche respire encor, ô Passé noir!
La rose épanouie à son rire dans l'ombre.

STANCES

Si ta colère un soir, égorge dans ta vie
Quelque cygne dormant sur l'eau des jours passés,
Prends garde de revoir sur ta main avilie
Le sang pur que la nuit n'aura pas effacé.

Ne trouble plus l'eau calme où se voit et se songe,
Nue entre les roseaux et dans l'onde sans pli,
Au reflet qui la double encore et la prolonge
L'Heure à jamais vivante au lac noir de l'oubli.

Le cygne impatient, pris à l'herbe des rives,
Qui s'entrave, se plaint, s'acharne et se débat,
Fut peut-être, jadis, lui dont l'aile est captive,
L'essor miraculeux qu'on admire d'en bas ;

Le roseau qui fut vert et jaunit dans la boue
Et qui courbe sa tige où l'Avril a chanté
Gémit au vent qui passe et où déjà s'enroue
L'Hiver mélancolique en peine de l'Été.

Supporte au vieux miroir en larmes de ta vie
Ce qui vient s'y mirer silencieusement,
Car chacun d'être double en un autre s'oublie
Et l'Ombre, hélas ! dit vrai à l'homme qui lui ment.

L'OBSTINÉ

Si le paon, la colombe, et si le cygne blanc
Ont volé loin de toi et fui tes mains tendues,
Regarde tournoyer les trois plumes perdues
Éparses de la queue ou du col ou du flanc.

Regarde, lentement, lourde qui fut ailée,
Descendre peu à peu dans le soleil jauni
La plume chatoyante et la plume ocellée
Et celle qui fut blanche et que rien n'a terni.

La première est tombée en l'herbe et se repose
Comme pour y mourir et s'endort, et, plus haut,
L'autre tremble longtemps accrochée à des roses,
Et la dernière glisse et flotte encor sur l'eau.

Ramasse le bouquet des trois plumes divines
Qui furent l'Orgueil rauque et l'Amour qui se plaint
Et celle aussi qui souffre aux pointes des épines
Et dont tu sais le nom éternel et divin.

Et va, puisque le paon, la colombe et le cygne
Ont fui ta main stérile et que le jour est mort,
Cueille au noir cep le sang de la mauvaise vigne
Et regarde dans l'ombre éclater les yeux d'or.

Puisque les beaux oiseaux ont fui ta main ouverte,
Crispe ton poing tordu et laisses-y, debout,
S'y poser, tour à tour, hérissé ou inerte,
Le sinistre corbeau ou le triste hibou.

Implante dans la terre et la mousse vorace
Tes talons obstinés qui ne bougeront plus,
Et que ta jambe prise à l'herbe qui l'enlace
Sente ramper les nœuds des lierres poilus ;

Et funèbre statue au seuil de la Nuit sombre,
Bouche muette aux pleurs et taciturne au cri,
Dresses-y pour jamais ton geste qu'a meurtri
Le bec de la ténèbre ou les griffes de l'ombre.

LES FONTAINES

Les trois fontaines d'or qui chantaient dans ma vie
Sont mortes à jamais dans la beauté d'un soir
Où la Tristesse en pleurs sourit à qui l'oublie,
Et la Joie a baisé la bouche de l'Espoir;

Car les fontaines d'or, de marbre et d'eau, en l'ombre
Du passé qui chantait par leurs voix et pleurait,
Car les fontaines d'or, de marbre et d'eau qui tombe
Goutte à goutte se sont tues dans la forêt.

Fontaines ! vous avez connu ma face pâle
Penchée éperduement sur vous, et de mes mains
Ont glissé tour à tour les rubis et l'opale
Dans l'onde sans réponse au cœur de vos bassins.

Toi qui dormais dans l'or des feuilles de l'automne,
Mystérieuse entre les roseaux et tout près
De l'allée où le vent qui passe et rôde écorne
Sa plainte suraiguë aux pointes des cyprès;

Toi qui pure, sans fond, silencieuse et noire,
Entre tes bords de marbre encadres tristement
Le fluide métal de ta morne mémoire,
Médaille du Narcisse en ton onde dormant;

Toi que les soirs en sang empourprent de blessures,
Comme si le Jour, las des luttes de la Nuit,
Venait laver parmi ton flot ses mains impures
D'avoir cueilli des fleurs, des grappes et des fruits;

Oh toutes trois, dans l'ombre ou la clarté, Fontaines,
Toutes trois vous avez chanté dans mon Destin
Et mes soirs obstinés et mes heures hautaines
Sont venus consulter vos miroirs incertains.

Je m'y suis vu celui qui saigne et qui s'aborde
Et s'est perdu et se retrouve et l'Étranger
Qui porte en son manteau noir que les ronces mordent
Le morceau de pain noir qu'il ne veut pas manger.

Je m'y suis vu avec la face de mon songe
Et j'y reconnaissais, au-devant de mes yeux,
Dans ce miroir plus trouble où l'ombre se prolonge,
Le fantôme éloquent au flot silencieux.

La bouche de ma faim y criait sa colère,
Les doigts de mon désir y crispaient leur effort
Et mon orgueil s'est vu dans cette source claire
Auréolé dans l'eau ridée en cercles d'or ;

Mais un vent furieux s'est levé sur ma Vie
A l'aurore, venant de l'aube et de la mer,
Avec une senteur de rose épanouie,
Une odeur mielleuse et un parfum amer ;

Et dans ce souffle pur, radieux et farouche,
Qui glissait sur la grève et courbait la forêt,
Je me tenais laissant par ma main sur ma bouche
Passer entre mes doigts le vent qui m'enivrait,

Le vent mystérieux de l'amour qui vers l'ombre
Emporta, dans son vol éployé vers le soir,
La voix des sources d'or qui dans mon âme sombre
Avaient chanté longtemps au milieu du bois noir.

LE COMPAGNON

Derrière la colline et derrière le fleuve,
Compagnon éternel et que tu ne vois pas,
Sur le sable, la feuille morte et l'herbe neuve,
Écoute le passé qui marche dans tes pas.

Du fond de ta mémoire et du fond de ta vie
Il s'avance, se tait et s'approche, et sa main
Cueille l'ombre des fleurs que nous avons cueillies ;
Il s'obstine à nous suivre et sait notre chemin.

Mais si pour l'entrevoir tu retournes la tête,
Tu l'entendras soudain s'en aller devant toi,
Tu n'as qu'à t'arrêter si tu veux qu'il s'arrête,
Et il reste invisible à celui qui le voit.

Il a planté jadis la treille dont tu manges
La grappe fraîche ou âpre à ta bouche, et c'est lui
Qui retailla le cep pour les jeunes vendanges
Que tes lèvres enfin vont goûter aujourd'hui.

La fontaine où tu bois mire sa face inverse,
L'écho où tu parlais répète ce qu'il dit,
Et l'âtre où tu séchas les gouttes de l'averse
Offre sa cendre tiède à son pied refroidi.

La porte que ta clef entr'ouvre et que tu pousses
Laisse entrer avec toi cet hôte inaperçu ;
A l'angle où l'araignée ourdit ses toiles douces,
Le Passé tisse auprès la sienne à ton insu.

A son double rouet qui file l'aube et l'ombre
Il travaille sans cesse et ne s'est pas lassé ;
Il a mêlé son fil sournois aux fils sans nombre,
Et l'habit que tu vêts est fait de ton passé.

Il dort dans ton sommeil et songe dans tes rêves,
Il se lève à l'aurore et te suit jusqu'au soir,
Le long de la forêt, du fleuve ou de la grève ;
Un jour, il te tendra son magique miroir.

Lui qui fut si longtemps invisible à ta vie,
Deviendra le passant que l'on n'évite pas
Et, du fond du cristal de la glace ternie,
Tu te verras venir, tous les deux, pas à pas ;

Il n'a rien oublié afin qu'il te souvienne,
Et, double, en ce miroir où tu t'es reconnu,
Derrière ton destin et ta face, la sienne
Est l'éternel présent de tout ce qui n'est plus.

LA CLEF

Attends, pour t'en aller, souriante à ta vie,
Cueillir ses fleurs de chair et ses fruits d'or vivant
Et tresser les cyprès de sa mélancolie
Aux roseaux de sa joie en flûtes dans le vent,

Attends que le Destin, aussi vieux que la pierre
De l'antique demeure où ton sort a fleuri,
Remette entre tes mains la clef hospitalière
De la maison déserte et qui fut ton abri.

Et maintenant, va-t'en vers l'aurore éternelle
Avec l'Espoir et, côte à côte, avec l'Amour,
Et que chacun t'abrite à l'ombre de son aile
Et te mène le long des routes sans retour;

Que l'un porte à jamais la palme toujours verte
Et la gourde noueuse au bout du bâton noir
Et que l'autre plus grave, entre ses mains offertes,
Tienne la grappe lourde et hausse le miroir.

Va-t'en. Le fleuve lent au fil de ses eaux lasses
Conduira tes doux pas, et, froide à tes pieds blancs,
L'onde qui refléta ton visage et qui passe
Lavera leur poussière, ô Passante ! en passant.

Tu verras la mer vaste et la forêt farouche,
Le courroux d'or des blés que courbe le vent clair,
Et l'Été nu tendra aux lèvres de ta bouche
Les fruits de l'arbre avec les conques de la mer.

Tu mordras la douceur qui jute au flanc des pêches
Ivres de succulence et de maturité,
Les flûtes de roseaux entre tes lèvres fraîches
Craqueront sous tes dents après avoir chanté.

Tu chanteras avec les bois et les fontaines,
Avec le vent qui rôde et l'eau qui rit en pleurs,
Avec la dure averse et la pluie incertaine,
De la première feuille à la dernière fleur.

Mais quand la grave Automne avec le Soir qu'il guide
En la vieille forêt qui s'est faite d'or lourd
Te montrera, fuyant, dans ta mémoire vide,
L'Espoir, par le chemin où s'est perdu l'Amour ;

Entendras-tu tinter à ta ceinture noire,
Parmi les roides plis de ta robe d'hiver
Où se gèle d'argent l'eau pâle d'une moire,
L'hospitalière Clef d'or, de bronze et de fer,

Cette Clef, qui tressaille à la main qui la porte
Et qui ouvre pour ceux, hélas ! que l'heure a fuis
La serrure à jamais de la suprême porte
Et le ventail de l'ombre et les gonds de la nuit ?

LA TÊTE

Les Ombres qui dormaient dans les roseaux de l'anse
S'éveillaient, une à une, et s'étirant, debout,
Sur les berges, au bord du fleuve de silence,
Se tinrent, les pieds nus, dans le rivage mou.

Les enfants qui jouaient sur le sable de cendre,
Le laissèrent couler de leurs doigts entr'ouverts
Et regardaient ma barque oblique rompre et fendre
Le sinistre courant des flots jaunes et verts.

Et sur la proue aiguë, écumante à l'étrave,
Hautain, je me tenais à l'avant, le bras haut,
Portant par ses cheveux tordus à mon poing grave
La tête aux yeux fermés et qui saignait dans l'eau ;

La bouche souriait encor sa rose pâle
Parmi la face exsangue où, claire sur le front,
Deux serpents d'or mordaient l'un et l'autre une opale...
Et ma barque coupait du fer de l'éperon

L'eau noire, refluée en serpents de sillage,
Et les Ombres déjà en me tendant les mains
Saluaient le héros du funèbre passage
Et l'étranger venu des antiques chemins.

Les vieillards m'appelaient d'un geste de statue ;
Les femmes se poussaient du coude pour me voir,
Oubliant leur opprobre et qu'elles étaient nues,
Et des enfants fiévreux coupaient des roseaux noirs

Pour chanter mon accueil sur des flûtes nocturnes ;
D'autres cueillaient des fruits aux branches des cyprès
Et les hommes vidaient la poussière des urnes
Dans l'onde horrible à boire et qu'ils puisaient après.

Hélas ! Dominateur des Spectres et des Ombres
Il me fallait, Orphée étrange et souterrain,
Pour traverser le fleuve où toute barque sombre,
Leur offrir à jamais le gage de mes mains ;

Il fallait qu'à mon bras meurtrier je roidisse
Mon sacrilège poing plongé dans les cheveux
De la surnaturelle et terrestre Eurydice
Qui saigne dans l'eau morne où je boirai comme eux ;

Car à vaincre ces Morts mon geste te dédie
Avec ta bouche mûre et ton sang parfumé,
Tête mystérieuse et sainte de la Vie
Qui crispe à mon poing nu ta face aux yeux fermés.

TABLE

ARÉTHUSE

FLUTES D'AVRIL ET DE SEPTEMBRE

J'AI CONDUIT LE CHEVAL A TRAVERS LA FORÊT	13
DÉJANIRE	14
L'ALLUSION A NARCISSE	16
APOSTROPHE FUNÉRAIRE	17
LE CIPPE	19
LE TAUREAU	20
LE RETOUR	21
LA FONTAINE AUX CYPRÈS	22
LES VISITEUSES	24
L'ACCUEIL	26
LE FAUNE AU MIROIR	27
PÉRORAISON	30
DANS UNE VIGNE VENDANGÉE	31
ÉPIGRAMME	33
CAUTUS INCAUTAR	34
LE RÉVEIL	36

Discours a Daphnis.	38
Inscription sur une Porte fermée	39
Exorde.	41
Les Présents maladroits	42
La Sagesse de l'Amour.	43

L'HOMME ET LA SIRÈNE	45

FLUTES D'AVRIL ET DE SEPTEMBRE

Le Repos.	83
Les Gardiennes	85
Médaillon pastoral	87
Les Ombres fidèles	88
Heure d'Automne	89
Les Travaux.	91
Invocation mémoriale	92
Allégorie	93
Après la Forêt et la Mer	95
Attributs	96
Métamorphose sentimentale	97
Les Regrets	99
Héroïde	101
Le Voyageur.	103
Églogue métaphonique.	104
L'Attente	105
L'Amie.	107
L'Image	109
Figurines pour un Tombeau.	111
J'ai joué de la flute auprès de la fontaine	112

LES ROSEAUX DE LA FLUTE

Le Vase	115
Va-t-en Muse	116
L'Obole	120
Les Souhaits.	122
Le Visiteur	125
Fontaines divines	128
Le Temps	131
Le Berceau	132
Le Départ	134
La Maison	136
Jour d'Automne	137
Le Revenant.	138
Effigies	140
Le Combat	141
La Lampe	143
Aube.	145
Églogue marine	147
Sentence.	152
Espoir.	154
Les Pins.	156
Les Ombres des Heures	158
L'Amour mordu.	159
L'Augure	161
L'Exilé	163
L'Offrande.	165
Médaille.	167
Épitaphe pastorale.	168
Élégie double	170
Stèle	173

L'Hiver.	175
La Grotte.	176
Le Passant.	178
Le grand cheval ailé dormait.	179

INSCRIPTIONS POUR LES TREIZE PORTES DE LA VILLE

Pour la Porte des Prêtresses.	183
Pour la Porte des Guerriers.	185
Pour la Porte des Pasteurs.	187
Pour la Porte des Astrologues.	189
Pour la Porte des Marchands	191
Pour la Porte des Comédiennes.	193
Pour la Porte des Courtisanes.	195
Pour la Porte des Voyageurs	197
Pour la Porte des Mendiants.	199
Pour la Porte Nuptiale.	201
Pour la Porte Mortuaire.	203
Pour la Porte des Exilés.	205
Pour la Porte sur la Mer.	207

LA CORBEILLE DES HEURES

Les Corbeilles.	211
L'Accueil.	214
Odelette I.	217
Odelette II.	219
Heures.	221

Odelette III	223
Ode	225
Odelette IV	228
Refrain	230
Passe	233
Odelette V	235
Odelette VI	237
Ode II	239
Odelette VII	242
Nuit d'Automne	244
Ode III	246
Odelette VIII	249
Odelette IX	251
Ode IV	253
L'Invisible Présence	256
Odelette X	258
Odelette XI	260
Le Fardeau	262
L'Offrande	265

POÈMES DIVERS

Dédicace	271
Stances	272
L'Obstiné	274
Les Fontaines	276
Le Compagnon	279
La Clef	282
La Tête	285

ACHEVÉ D'IMPRIMER

le seize février mil huit cent quatre-vingt-dix-sept

PAR

L'IMPRIMERIE Vve ALBOUY

POUR LE

MERCVRE

DE

FRANCE

ÉDITIONS DV MERCVRE DE FRANCE
Extrait du Catalogue

Collection grand in-18, à 3 fr. 50

Pierre d'Alheim
Moussorgski . . . . 1 vol.

Marcel Batilliat
Chair mystique, roman . . . . . 1 vol.

Louis Dumur
Pauline ou la liberté de l'amour . 1 vol.

Georges Eekhoud
Le Cycle Patibulaire. . . . . . . 1 vol.

André Fontainas
Crépuscules. . . . . 1 vol.

Paul Fort
Ballades Françaises, préface de PIERRE LOUYS . . . . 1 vol.

André Gide
Le Voyage d'Urien, suivi de *Paludes* 1 vol.

Remy de Gourmont
Le Pèlerin du Silence, orné d'un frontispice d'ARMAND SEGUIN . . . 1 vol.
Le Livre des Masques. Portraits symbolistes. Les Masques, au nombre de trente, par F. VALLOTTON . . . . 1 vol.

Gerhart Hauptmann
La Cloche engloutie, trad. de l'allemand par A.-FERDINAND HEROLD. 1 vol.

A.-Ferdinand Herold
Images tendres et merveilleuses 1 vol.

Virgile Josz et Louis Dumur
Rembrandt . . . . 1 vol.

A. Lacoin de Villemorin et Dr Khalil-Khan
Le Jardin des Délices . . . . 1 vol.

Pierre Louys
Aphrodite, roman . . . . 1 vol.

Emerich Madach
La Tragédie de l'Homme, traduit du hongrois par CH. DE BIGAULT DE CASANOVE. . . . . 1 vol.

Maurice Maeterlinck
Le Trésor des Humbles . . . . . 1 vol.
Aglavaine et Sélysette. . . . . . 1 vol.

Rachilde
Les hors nature, roman . . . . 1 vol.

Henri de Régnier
Poèmes, 1887-1892 . . . . 1 vol.
Les Jeux rustiques et divins . . . 1 vol.

Marcel Schwob
Spicilège . . . . 1 vol.

Jean de Tinan
Penses-tu réussir! roman . . . . 1 vol.

Émile Verhaeren
Poèmes . . . . 1 vol.
Poèmes, nouvelle série . . . . . 1 vol.

Francis Vielé-Griffin
Poèmes et Poésies. . . . . 1 vol.

E. Vigié-Lecocq
La Poésie contemporaine, 1884-1896 1 vol.

Collection grand in-18, à 2 fr.

Gunnar Heiberg
Le Balcon, trad. et préface du Comte M. PROZOR . . . . 1 vol.

Collection grand in-18, à 1 fr.

Comte M. Prozor
Le Peer Gynt d'Ibsen . . . . 1 vol.

Formats, tirages, grands papiers : au CATALOGUE COMPLET des Publications du « Mercure de France ». Envoi franco sur demande.

ÉDITIONS DV MERCVRE DE FRANCE
Extrait du Catalogue

Léon Riotor
Les Raisons de Pascalin . . . . . 5 fr. »
Le Sage Empereur, poème . . . 3 fr. 50

Saint-Georges de Bouhélier
L'Hiver en méditation ou les Passe-temps de Clarisse, suivi d'un opuscule sur Hugo, Richard Wagner, Zola et la Poésie nationale . . . . 6 fr.

Saint-Pol-Roux
L'Ame noire du Prieur blanc . . 5 fr. »
Épilogue des Saisons Humaines . 3 fr. »
Les Reposoirs de la Procession, avec le portrait de l'auteur . . . 4 fr. »

Robert Scheffer
La Chanson de Néos, couverture en couleur de GRANIÉ . . . . . 1 vol.

Robert de Souza
Fumerolles . . . . 3 fr. »

Auguste Strindberg
Introduction à une Chimie unitaire (Première esquisse) . . 1 fr. 50

Marcel Schwob
Mimes, 2me édition . . . . 3 fr. »
Annabella et Giovanni . . . . . 1 fr. »
La Croisade des Enfants, couvert. lithog. en couleurs par MAURICE DELCOURT . . . . 3 fr. 50

Albert Thibaudet
Le Cygne rouge, mythe dramatique . . . . 3 fr. 50

Jean de Tinan
Erythrée, conte, orné par MAURICE DELCOURT . . . . 2 fr. 50

Charles Vellay
Au lieu de vivre, poèmes . . . . 2 fr. »

Francis Vielé-Griffin
Παλαι, poèmes . . . . 2 fr. »
Lous Veneris, poème de A.-CH. SWINBURNE (traduction) . . . . 2 fr. »

Divers
L'Almanach des Poètes pour 1896, orné de 25 dessins par AUGUSTE DONNAY . . . . 3 fr. 50
L'Almanach des Poètes pour 1897, orné de 66 dessins par ARMAND RASSENFOSSE . . . . 3 fr. 50

Anonyme
Les Massacres d'Arménie. Témoignages des Victimes. Préface de G. CLEMENCEAU . . . . 3 fr. 50

Eau-forte

A.-M. Lauzet
La Fin d'un Jour, d'après un pastel de Mme JEANNE JACQUEMIN, format du Mercure . . . . 1 fr. 25

Portrait de G.-Albert Aurier, avant lettre: in-8 . . . . 3 fr. »

Musique

Gabriel Fabre
Sonatines Sentimentales, quatre mélodies : 1o Chanson de Mélisande, de Maurice Maeterlinck, 2o Ronde, 3o Ballade, 4o Complainte, de Camille Mauclair. Couverture en couleur d'Alexandre Charpentier. Nouvelle édition . . . . 5 fr. »

Enluminure

Filiger
Vierge à l'Enfant, miniature copiée à la main . . . . 3 fr. »

Formats, tirages, grands papiers : au CATALOGUE COMPLET des Publications du « Mercure de France ». Envoi franco sur demande.

www.ingramcontent.com/pod-product-compliance
Lightning Source LLC
Chambersburg PA
CBHW070534160426
43199CB00014B/2258